PROTESTATION

CONTRE

LE PROJET DE LOI

PORTANT

APPROBATION DES STIPULATIONS FINANCIÈRES

CONTENUES

Dans une Convention passée entre le Ministre des Finances,
la Compagnie générale Maritime
et la Société du Crédit mobilier, pour l'exploitation
du Service postal
entre la France, les États-Unis et les Antilles,

PAR

O. LE ROY DE KERANIOU.

PRIX : 1 fr. 25 c.

PARIS.

Le Doyen, Galerie d'Orléans, 31 ; — Guillaumin, rue Richelieu, 14 ;
Dentu, Galerie d'Orléans, 13.

Mai — Juin 1861.

A SON EXCELLENCE

Monsieur le Comte de MORNY, Président,

ET

A Messieurs les Membres du Corps législatif.

MESSIEURS,

Comme Français et comme homme loyalement dévoué au gouvernement, nous venons humblement protester contre le PROJET DE LOI *portant approbation des stipulations financières contenues dans une convention passée entre le ministre des finances, la Compagnie générale maritime, et la Société du Crédit mobilier, pour l'exploitation du service postal entre la France, les États-Unis et les Antilles.*

En accomplissant cet acte, nous nous efforcerons de ne pas sortir des formes que nous prescrit notre profond respect pour les représentants de la nation ; mais nous obéirons sans hésitation au devoir sacré qui nous est imposé par l'intérêt que nous portons à la chose publique, et nous ne négligerons rien pour mettre en évidence les erreurs qui entachent le projet de loi actuellement soumis à votre approbation.

Inutile de vous dire, Messieurs, combien est grande l'importance de la question transatlantique, car personne parmi vous n'ignore :

Qu'il s'agit d'établir entre les deux mondes un réseau de moyens de communication à grande vitesse, qui sera, sur l'Atlantique, la seconde partie, le complément indispensable de nos voies ferrées ;

1861

Que les services transatlantiques français seront, sur l'Océan, les prolongements des chemins de fer de toute l'Europe ;

Que, sans ces prolongements, le réseau ferré continental serait frappé d'impuissance,

Et que le commerce de l'Europe entière, avec le reste du monde, continuerait à être tributaire des services de la nation la plus envahissante de la terre, d'une puissance dont la politique tend chaque jour davantage à s'emparer de l'empire des mers et du monopole du commerce universel.

Qu'il nous soit seulement permis de vous rappeler :

Qu'il s'agit en ce moment de disputer à l'Angleterre le transit d'un commerce immense, qui va chaque année se développant, et sur lequel s'appuie, depuis un siècle et demi, l'influence tenace et ombrageuse du Royaume-Uni de la Grande-Bretagne ;

Qu'il s'agit, en travaillant à l'émancipation du Continent, d'assurer à la France un avenir de gloire, de prospérité et de puissance que n'ont pu lui donner mille victoires ;

Qu'il s'agit de soutenir, *pacifiquement*, une cause que Louis XIV et Napoléon durent soutenir, *les armes à la main*, pendant toute la durée de leurs règnes, les plus glorieux de notre histoire !

L'habileté britannique n'a rien négligé pour donner le change sur la véritable politique de ces deux grandes illustrations de la couronne de France. Bien des esprits élevés s'y sont laissé prendre en Europe, et le nombre est considérable des plus profonds politiques qui croient encore que Louis XIV et Napoléon, *sous le drapeau des frontières naturelles*, ne poursuivaient aucun but plus sérieux que celui de satisfaire une ambition démesurée.

Cependant, il en eût été tout autrement, si Dieu avait permis qu'un fils *majeur*, à l'heure suprême, fût venu s'asseoir au chevet du lit de ces immortels génies :

« Depuis la découverte des Amériques, — lui auraient-ils » dit, — les Pays-Bas sont devenus la véritable clef de voûte,

» sur laquelle doit s'appuyer la puissance qui voudra do-
» miner le monde ;

» Parce que, sur les rivages des Pays-Bas, en regard de
» l'embouchure de la Tamise, viennent se jeter dans la mer :
» l'Escaut, la Meuse, le Rhin, l'Ems, le Weser et l'Elbe, qui
» sont les seules voies de communication dont puissent se
» servir les populations du Continent, pour échanger leurs
» produits contre ceux des populations du Nouveau-
» Monde ;

» Parce que la nation qui possédera les embouchures de
» tous ces fleuves n'aura plus qu'à établir des droits prohi-
» bitifs sur l'entrée et la sortie des marchandises, par na-
» vires étrangers, et elle possédera bientôt le monopole des
» exportations et des importations continentales ;

» Parce que le peuple qui possédera cet immense mono-
» pole sera forcément maître du commerce universel et de
» l'empire des mers ;

» Parce que la puissance qui a possédé le monopole du
» commerce universel et l'empire des mers a, de tout temps,
» dominé le monde (1).

» Voilà le véritable secret de ma politique, et pourquoi
» j'ai soutenu pendant tout mon règne une lutte terrible
» contre l'Angleterre : *Je voulais l'émancipation du Conti-*
» *nent ; je voulais faire de Paris la capitale de l'univers,*
» *et de la France un roman !*

En soulevant ainsi un coin du voile qui a enveloppé, pendant si longtemps, la grande politique des souverains qui
ont le plus fait pour la gloire et la prospérité de la France,
nous n'avons pas commis une indiscrétion ; car le temps de
cette politique est passé : elle n'a plus de raison d'être.

Les chemins de fer continentaux et leurs prolongements
transatlantiques, en faisant disparaître, une à une, toutes
les prérogatives des voies fluviales, auront bientôt détruit
tous les avantages de la position géographique des Iles-Bri-

---

(1) Voir notre Mémoire : *Influence de la découverte des Amériques
sur les courants généraux du commerce universel.*

tanniques et des Pays-Bas, par rapport aux voies de communication de l'Europe continentale, aux courants généraux du commerce, et au monopole du transit universel.

Dans quelques jours, Messieurs, le point de bifurcation de toutes les voies de communication continentales avec les grandes lignes de navigation ne sera plus situé à Londres, à Anvers, à Amsterdam, à Brême et à Hambourg ; il se trouvera placé en face des Amériques, à l'extrémité du Continent, en dehors de tous les dangers de la Manche, au point où prendra naissance le réseau ferré continental, au milieu de la magnifique rade de Brest.

Nous traversons actuellement une époque de transition commerciale, industrielle, maritime et politique, comparable, en tous points, à celle qui suivit la découverte des Amériques.

Les chemins de fer vont produire une révolution aussi grande dans les courants généraux du commerce universel que celle qui fut la conséquence de la découverte du Nouveau-Monde : celle-ci enleva le foyer du commerce du bassin de la Méditerranée, où il croupissait depuis les temps les plus reculés, et le transporta au confluent de tous les fleuves qui se jettent dans la mer du Nord ; celle-là le déplacera, avec une rapidité qui tiendra du prodige, du bassin de la mer du Nord, où il s'est si fièrement établi depuis la décadence de l'Espagne et de l'Empire d'Allemagne, et le fixera au cœur de la France.

Le brillant avenir que Louis XIV et Napoléon convoitaient pour leur patrie sera réalisé par les chemins de fer continentaux et leurs prolongements transatlantiques !

Aidons-les donc, ces chemins de fer ; ne les empêchons pas de substituer aux anciens courants fluviaux et commerciaux, véritables sources de la fortune de l'Angleterre, les nouveaux courants qui doivent si haut élever la puissance de la France.

Les yeux fixés sur une carte, suivons, par la pensée, les milliers de voyageurs qui partent, chaque année, de tous

les points de l'Europe pour le Nouveau-Monde ; voyons quelle direction ils prennent, et tâchons de leur rendre moins pénible ce long voyage.

Tous se dirigent vers l'Ouest, vers l'Océan ; plus ils avancent, et plus leur cœur se serre : c'est qu'ils savent qu'ils ont mangé leur pain blanc le premier, c'est qu'ils pensent qu'il faudra bientôt qu'ils abandonnent les bons wagons qui leur font si vite et si commodément franchir l'espace, c'est qu'ils n'ignorent pas qu'ils courent au-devant des plus grands dangers et de la plus horrible des maladies.

Tous, avant de s'embarquer, ont fait leur testament !

N'y aurait-il pas, Messieurs, un moyen de prolonger le bien-être de ces voyageurs ; n'y aurait-il pas un moyen de diminuer quelque peu que ce soit les angoisses et les dangers de cette pénible traversée ?

Cherchons, Messieurs, c'est un devoir ; car, si nous le trouvons, nous aurons rendu un grand service à l'humanité ; nous aurons bien mérité des populations répandues sur les deux Continents !

Vous parlerai-je des correspondances, toujours si pressées, du cortége de métaux, de valeurs, qui accompagne la malle, et des marchandises précieuses que nous expédions en *duplicata*, en *triplicata*, ou que nous faisons assurer avant de les embarquer ?

Non, Messieurs, de plus grands détails vous sont inutiles, et ajouter un mot de plus à ce sujet serait méconnaître que j'ai l'honneur de parler aux hommes que la France a choisis comme les plus dignes et les plus capables de défendre ses intérêts.

Aussi, est-ce en m'inspirant de votre pensée que je terminerai cet exposé des motifs qui m'amènent devant vous, en disant : prolongeons promptement et aussi loin que possible nos voies ferrées sur le Continent ; terminons au plus vite nos chemins de fer bretons ; établissons nos services transatlantiques dans la magnifique rade de Brest ; nous épargnerons ainsi, à toute cette clientèle des paquebots transatlantiques continentaux, les transbordements, les retards, les inquiétudes, les dangers et les souffrances de la traversée des mers du Nord, du canal St-Georges ou de la Manche ; et l'avenir commercial, maritime et industriel de la France sera assuré.

Maintenant, Messieurs, veuillez nous accorder toute votre indulgence ; nous allons motiver notre protestation.

RECETTES.

Nous protestons contre le projet de loi portant le n° 126 :

PARCE QU'IL NE REPOSE RÉELLEMENT SUR AUCUNE BASE SÉRIEUSE ; en effet :

A-T-ON EU EN VUE D'ASSURER AUX PAQUEBOTS FRANÇAIS LE TRANSPORT DE LA MALLE DES DEUX CONTINENTS ?

Non ! car les correspondances veulent aller vite, très-vite ; elles exigent des trains *express*, même des trains *spéciaux*, (*Voir, page 137, notre Mémoire*, Avenir de l'administration des postes, etc...). ET L'ON A CHOISI LES ITINÉRAIRES LES PLUS LONGS.

Pour ne parler que de la ligne la plus importante, *de la ligne des États-Unis*, nous vous prierons, Messieurs, de jeter les yeux sur n'importe quelle carte, et vous reconnaîtrez que le port d'attache choisi, *le Havre*, est, de tous nos ports, le plus éloigné des *États-Unis* ; par conséquent, celui qui présenterait la plus longue traversée, tandis que *Brest*, qui a été écarté, est, de tous les ports du Continent, le plus voisin de *New-York* ; par conséquent, celui qui présenterait la plus courte traversée.

Pourquoi une telle partialité en faveur du Havre ?

Ne s'agit-il pas du transport de la malle continentale ? les correspondances ne partiront-elles pas de toutes les capitales, de toutes les grandes villes de l'Europe, et, en dernier lieu, de Paris ?

S'agit-il de favoriser tel ou tel port ou de développer le commerce et la marine de la France entière ?

Un exemple suffira pour prouver combien le choix du port du Havre, comme port d'attache de la ligne des États-Unis, est malheureux.

Prenons le cas qui se présentera le plus ordinairement :

Une lettre, en destination de New-York, est jetée à six heures du soir à la grande poste de Paris ; — elle partira à huit heures par le chemin de fer ; — elle arrivera au Havre à minuit et quelques minutes.—Rendue là, il faudra qu'elle attende le jour, car les portes des bassins n'ouvrent pas la nuit.

Mais ce n'est pas tout : il faudra encore qu'elle attende l'heure de la pleine mer !

Or, cette heure de pleine mer varie tous les jours ; elle suit régulièrement toutes les divisions du cadran ; il arrivera donc, souvent, que la correspondance du Continent sera obligée d'attendre jusqu'à huit, neuf, dix, onze heures, midi, et même plus tard.

Cependant, où serait-elle, si elle avait pris la voie de Brest ?

— Partie à huit heures du soir de la gare Montparnasse, à six heures du matin elle arriverait à Brest ;—à sept heures, sans s'inquiéter de la marée, et, quel que soit le temps, elle pourrait partir ; tandis que la malle, qui aurait pris la voie du Havre, attendrait encore pendant plusieurs heures la marée : *Ma sœur Anne....*

En résumé, la malle continentale, condamnée à prendre la voie du Havre, serait encore au fond de la Manche, à cent lieues de l'île d'Ouessant ; tandis que, prenant la voie de Brest, elle voguerait à toute vapeur sur l'Océan, en dehors de tous dangers, gagnant ainsi trente heures—(ou quarante heures si l'on tient compte de la marée)—sur la malle qui partirait du Havre.

Et si l'on invoquait en faveur du Havre le bénéfice d'une escale postale à Cherbourg, nous répondrions :

Cherbourg,—*l'auberge de la Manche,*—situé au milieu de tous les dangers de la Manche, à deux encablures du Havre, serait un port qui ne conviendrait nullement aux voyageurs ainsi qu'aux marchandises.

Cherbourg serait une mauvaise branche, à laquelle, Dieu merci ! la France et le Continent n'auront jamais besoin de se rattraper tant qu'ils possèderont Brest ;

Cherbourg serait une escale coûteuse, sans profit, pour la Compagnie concessionnaire et pour la France ; tandis que

Brest serait une escale profitable à tous les intérêts que nous voulons concilier, si, nonobstant les arguments que nous invoquerons pour faire rejeter le Havre comme port d'attache des services transatlantiques continentaux, Messieurs les représentants de la nation se croyaient obligés de l'adopter.

A-T-ON EU EN VUE D'ASSURER AUX PAQUEBOTS DU CONTINENT LE TRANSPORT DES VOYAGEURS QUI CIRCULENT ENTRE L'EUROPE ET LES AMÉRIQUES ?

Évidemment non ! car ces voyageurs se trouvent partout sur le Continent; et, comme les correspondances, leur véritable point de départ sera Paris.

Ces voyageurs prendront les mêmes trains que la malle; ils profiteront des mêmes avantages, et auront à subir les mêmes inconvénients.

Et n'est-ce rien que de leur éviter la traversée de la Manche ?

N'est-ce rien que de leur épargner les frais d'hôtel qu'ils feraient au Havre en attendant la marée?

N'est-ce rien que de leur épargner trente ou quarante heures de retard et de souffrances impossibles à décrire, sur la traversée d'aller et autant sur la traversée de retour ?

D'un aure côté, quand on voit les voyageurs du Continent aller en foule s'embarquer à Liverpool, presque au pôle nord, sur les paquebots *Cunard*, n'est-il pas permis de penser que les voyageurs des Iles-Britanniques, — désireux d'éviter la traversée de la Manche et du canal Saint-Georges, — viendront en grand nombre, par Calais et Paris, s'embarquer à Brest ?

Veuillez remarquer, Messieurs, que le trajet en chemin de fer et en bateau à vapeur de Londres à Queenstown, — véritable point de départ des paquebots de la compagnie *Cunard*, — est plus long que le trajet de Londres à Brest.

Remarquez encore que *quatre-vingt-dix-neuf* sur *cent* des voyageurs qui partent de France pour l'Angleterre, ou des voyageurs qui viennent de l'Angleterre en France, — quel que soit leur point de départ dans les deux pays, — préfèrent payer trois fois plus cher et passer par Douvres et Calais, Boulogne et Folkestone, que de prendre la voie du Havre à Southampton, bien moins coûteuse.

En voici la preuve :

Nous avons, tous les jours, trois départs de Calais à Douvres et deux départs de Boulogne à Folkestone; tandis que du Havre à Southampton nous n'avons que trois dé-parts par semaine.

Pourquoi donc cette préférence marquée pour la route la plus dispendieuse, pour la route de Calais?

C'est que la mer effraie tout le monde; c'est que la traver-sée de Calais à Douvres est plus courte de quelques heures que celle du Havre à Southampton; c'est que la traversée de Calais à Douvres est plus courte de *quelques minutes* que celle de Boulogne à Folkestone; c'est que le voyage par le Pas-de-Calais est considéré comme un voyage d'agrément, même par les hommes d'affaires, tandis que le voyage par le Havre est considéré comme un voyage dangereux, pénible, horrible, par tout le monde.

Qu'est-ce que l'argent? — N'est-ce pas un préservatif contre un grand nombre de misères de la vie? — N'est-ce pas le talisman dont nous nous servons pour augmenter la somme de nos jouissances?

Croyez-moi, Messieurs, les voyageurs, qui sont la clien-tèle des paquebots transatlantiques, ont généralement de l'argent; ils sauront en faire usage, et il y en aura beau-coup, qui n'auraient pas quitté l'Angleterre pour venir s'em-barquer au Havre, qui le feraient pour éviter la traversée du canal Saint-Georges et de la Manche, pour venir s'embar-quer à Brest.

Quant aux voyageurs de la Hollande, de la Belgique et de toute l'Allemagne? — Il faut être de bon compte, et reconnaître qu'ils seront bien plus portés à abandonner les steamers anglais, si nous organisons nos services en dehors de tous les dangers de la Manche, qu'ils ne le se-raient si nous les établissions au Havre. Car, en définitive, de Paris au Havre on compte 228 kilomètres; on en comp-tera moins de 600 de Paris à Brest; et, certainement, ce ne sera pas pour économiser *trente francs* qu'un voyageur de première classe consentira à s'exposer à trente heures de retard, aux ennuis, aux abordages et aux dangers de tous genres de la traversée de la Manche.

Il convient aussi de remarquer que, si le prix du passage sur les paquebots est calculé sur le nombre de jours de traversée, chaque jour reviendrait à 50 fr., en fixant le prix du passage de première classe à 500 fr.; c'est-à-dire 60 fr. meilleur marché que prennent aujourd'hui les paquebots anglais et américains. Eh bien! puisque les paquebots brestois gagneraient trente ou quarante heures aux paquebots havrais, on peut dire encore : qu'il y aurait économie, pour les voyageurs, à prendre la voie de Brest.

Cependant, nous ne faisons pas intervenir les plus grandes dimensions des paquebots brestois, ni les nombreux avantages qui seront la conséquence de ces grandes dimensions; pourtant il est clair que la somme de ces avantages permettra d'abaisser encore les prix de passage.

Parlerons-nous des avantages que trouveraient les voyageurs de l'Espagne et du Portugal à l'établissement de nos paquebots à Brest?

Dirons-nous que de Marseille, de Turin, de Genève, du centre de la France à Brest, il n'y a pas sensiblement plus loin que des mêmes points au Havre? — Non. — Un coup d'œil sur une carte suffit pour prouver à tout le monde que le Havre est le port de la Normandie, tandis que Brest est le vrai port du Continent!

En résumé, les voyageurs réclament, bien plus impérieusement encore que les correspondances, la *régularité*, la *sécurité* et la *rapidité*, conditions sans lesquelles il n'y a pas de bon service transatlantique. — Or, le Havre n'offrirait ni l'une ni l'autre de ces conditions, tandis que Brest les offrira toutes à un degré de perfection vraiment incroyable. (Voir notre Mémoire : *Avenir de l'administration des postes*, etc..., ch. 14 et 15.) —*Donc, on n'a pas eu en vue d'assurer aux paquebots du Continent le transport des voyageurs.*

A-T-ON EU EN VUE D'ASSURER AUX PAQUEBOTS FRANÇAIS UN GRAND TRANSPORT DE MARCHANDISES?

Non ! nous allons le prouver. Divisons d'abord cette question en deux parties :

Les frets de sortie,
Et les frets de retour.

En ce qui concerne les frets de sortie,

On peut dire :

Qu'ils sont généralement peu importants ;

Qu'ils sont entièrement fournis par Paris, Lyon et les grandes villes industrielles de l'Empire et du Continent ;

Que les marchandises qui les composent sont d'un grand prix, et exigent des frais d'assurances, bien plus à considérer que le prix des frets ;

Que, si ces marchandises pouvaient éviter la traversée de la Manche, plus de la moitié des risques qu'elles ont à courir seraient épargnés ;

Et que l'on verrait, en très-peu de temps, les Compagnies, — qui se font une concurrence acharnée, — abaisser le taux sur lequel elles établissent leurs primes d'assurances : *ce qui diminuerait les frais d'expédition de ces marchandises d'une somme bien supérieure à celle représentée par le fret proprement dit.*

EXEMPLE :

En 1857, la France a exporté pour 193,898,658 francs de *tissus, passementerie* et *rubans de soie* (voir le tableau ci-après).

Ces articles de Lyon représentaient, *à eux seuls*, près de la moitié de la valeur totale de nos exportations (voir le tableau).

Cependant, quel était le poids de ces précieuses marchandises ? — 1,156,932 kilogrammes ; soit : 1,156 tonneaux 932 millièmes.

Chaque tonneau valait donc, en moyenne, 167,732 fr.

Et si nous calculons la prime d'assurances à 1 p. 100, c'est-à-dire au cours légal de la place de Paris, nous verrons que chaque tonneau de ces marchandises a dû payer

1,677 fr. 32 c. d'assurances; tandis que le fret du même tonneau était de *cent* francs, en moyenne, du Havre à New-York.

Ajoutons que celles de ces marchandises qui ont été embarquées au Havre sur les paquebots anglais, en correspondance avec la ligne de Liverpool, ont dû payer 1/8 en sus de la prime; soit 209 fr. 67 c. pour la traversée du canal Saint-Georges.

Et que l'on ne vienne pas nous parler de la différence du tonneau *encombrant* au tonneau *pesant*; car cette différence est absorbée par les divers faux frais qu'entraîne l'expédition de ces marchandises. — De plus, les soieries en pièces, réunies en ballots, pesant très-lourd, sont prises au poids. Et, quant aux soieries confectionnées, c'est-à-dire mises en vêtements, elles figurent à un autre article du tableau.

Faisons encore remarquer que, pour les traversées de retour des États-Unis, les marchandises assurées doivent payer 1/4 en sus de la prime; soit 1 1/4 p. 100 de leur valeur : heureusement nos soieries ne sont pas victimes de cette augmentation ! — C'est que MM. les assureurs ont reconnu que les attérages de la Manche et du canal Saint-Georges offrent plus de difficultés et de dangers que ceux de la côte orientale des États-Unis. Ils ont aussi voulu prévoir le cas *fréquent* où les capitaines donnent dans la Manche sans observations : ce qui est toujours *très-dangereux*.

Concluons donc en disant : que la traversée de la Manche, — outre les dangers et les retards qu'elle présente, — serait une véritable ruine pour les marchandises de valeur, qui composeront, *presque exclusivement*, les frets de sortie des paquebots que nous voulons établir.

EXPORTATIONS DE FRANCE AUX ÉTATS-UNIS.

MARCHANDISÉS FRANÇAISES ET ÉTRANGÈRES EXPORTÉES PENDANT L'ANNÉE 1857.

RANG d'importance.	DÉSIGNATION des MARCHANDISES.	Unités.	Quantités.	VALEURS ACTUELLES.	OBSERVATIONS et PAYS DE PRODUCTION.
				francs.	
1	Tissus, passementerie et rubans de soie......	kilogr.	1,156.932	193,898,658	Lyon. — Tonnage bien peu important comparativement à sa valeur 193,898,658 fr., c'est-à-dire près de la moitié de 400,579,752 fr., valeur totale de nos exportations. Ces marchandises craignent la mer et les f ais d'assurances.
2	Tissus, passementerie et rubans de laine......	—	1,312,209	35,696,354	Lyon, Paris, la Normandie.— Tonnage presque nul comparativement à sa valeur;— craint les frais d'assurances et la mer.
3	Vêtements et pièces de lingerie............	—	1,404,689	28,269,074	Paris. — Ces marchandises sont dans le même cas que les précédentes.
4	Tissus, passementerie et rubans de coton......	—	923,739	11,621,314	Rouen, Paris, Lille, Mulhouse. — Ces marchandises sont dans le même cas que les précédentes.
5	Poils de lièvre, de lapin, de castor et de blaireau...............	—	282,856	3,677,128	
6	Peaux préparées et ouvrages en peau ou en cuir...............	—	1.171,664	24,002,470	Marchandises réservées aux navires à voiles.
7	Poterie, verres et cristaux...............	—	6,885,557	4,540,479	
8	Vins...............	litre.	12,163,336	24,051,696	Bordeaux —*Tonnage important* qui serait transporté par les paquebots, s'ils étaient établis à Brest; qui échappera aux paquebots établis au Havre.
9	Merceries et boutons ...	kilogr.	607,984	6,869,686	
10	Plomb, métal brut.....	—	10,666,902	6,720,148	Marchandises réservées aux navires à voiles autant que les bâtiments à vapeur ne seront pas de dimensions plus grandes et, par suite, ne pourront pas abaisser les frets.
11	Laines de toutes sortes.	—	1,346,171	4,161,256	
12	Garance moulue ou en paille...............	—	8,573,067	4,660,718	

RANG d'importance.	DÉSIGNATION des MARCHANDISES.	Unités.	Quantités.	VALEURS ACTUELLES.	OBSERVATIONS et PAYS DE PRODUCTION.
13	Orfévrerie et bijouterie.	gram.	1,268.323	3,794,250	Paris, Genève. — Ces marchandises craignent la mer et les frais d'assurances.
14	Ruban de lin, de chanvre	kilogr.	108.750	2,413,999	Lille, Nancy, Mulhouse.
15	Poissons marinés ou à l'huile..	—	1,303,186	2,345,735	Bretagne, golfe de Gascogne. — *Chargement important* perdu pour les paquebots havrais.
16	Horlogerie	franc.	» »	2,839,431	Tonnage insignifiant,—craint les frais d'assurances et la mer.
17	Modes et fleurs artificielles.	—	· » »	2,704,135	Id.
18	Papier, carton, livres et gravures..	kilogr.	713,588	2,449,424	Marchandises réservées aux navires à voiles.
19	Eaux-de-vie, esprits et liqueurs.	litre.	3,006,991	7,509,753	Bordeaux. — *Tonnage important* qui serait acquis aux paquebots établies à Brest, et qui échappera aux paquebots établis au Havre.
20	Huiles volatiles ou essences.	kilogr.	22,418	134,508	Tonnage insignifiant.
21	Tabac fabriqué ou seulement préparé.	—	306,005	1,744,229	Marchandises réservées aux navires à voiles.
22	Fruits de tables et fruits oléagineux	—	2,414,524	2,659,872	Bordeaux, Marseille. — *Tonnage important* qui échappera aux paquebots havrais.
23	Huiles d'Olive et graines grasses.	—	874,742	1,508,707	Id.
24	Outremer.	—	30,192	79,182	Tonnage insignifiant.
25	Outils et ouvrages en métaux.	—	478,782	1,832,377	Marchandises réservées aux navires à voiles.
26	Parfumerie.	—	164.959	824,975	Marseille, Paris. — Tonnage bien minime.
27	Garancine (extrait de garance).	—	210,795	843,180	Marchandises réservées aux navires à voiles.
28	Tartrate, acide de potasse	—	561,959	1,317,243	Id.
29	Liège ouvré.	—	257,585	643,963	Id.
30	Médicaments composés.	—	96,270	624,855	Tonnage sans importance.
31	Tabletterie et bimbeloterie.	—	149,410	1,074,647	Paris . . . . .
32	Chapeaux de paille.	franc.	» »	639,793	Paris, Nancy. .
33	Instruments de musique.	—	» »	633,516	Paris . . . . .
34	Soies et bourres de soie en masse	kilogr.	7,171	609,829	Lyon . . . . .
35	Sulfate de quinine..	—	1,518	394,500	Paris, Marseille
36	Corail taillé non monté.	—	2,470	691,600	Paris . . . . .
37	Fromages	—	578,900	1,042,902	Hollande, Belgique. — Navires à voiles.

Observations pour les rangs 31 à 36 : « Toutes ces marchandises ont fourni un tonnage insignifiant. Elles craignent les frais d'assurances et la mer. »

RANG d'importance.	DÉSIGNATION des MARCHANDISES.	Unités.	Quantités.	VALEURS ACTUELLES.	OBSERVATIONS et PAYS DE PRODUCTION.
38	Or battu en feuilles, tiré et laminé	gram.	121,010	363,030	Tonnage égal au dixième d'un tonneau ; — grande valeur. — Craint les assurances et la Manche.
39	Chlorure de chaux . . .	kilogr.	284,755	125,292	Marchandises réservées aux navires à voiles.
40	Chapeaux de feutre. . .	franc.	»»»	334,804	Paris, Bordeaux.
41	Cannelle.	kilogr	51,937	129,843	Entrepôts, — Tonnage peu important.
42	Meubles.	franc.	»»	307,528	Paris.—Navires à voiles.
43	Objets de collection. . .	—	»»	291,851	Paris.
44	Capsules de poudre fulminante.	kilogr.	45,667	456,070	Paris. — Navires à voiles, — faible tonnage.
45	Nattes ou tresses de paille, de Sparte, etc.	—	8,890	281,925	Marseille. — Navires à voiles.
46	Pierres et terres servant aux arts et métiers. .	—	2.401,024	177,375	Marchandises réservées aux navires à voiles.
47	Articles de l'industrie parisienne.	—	20,890	232,470	Paris.—Ce tonnage n'est pas encore en rapport avec sa valeur : évitons les assurances et la Manche.
48	Vannerie coupée et pelée.	—	92,213	223,641	Marchandises réservées aux navires à voiles.
49	Viandes salées.	—	325,841	439,885	Bretagne.—Marchandises réservées aux navires à voiles.
50	Pelleteries brutes et apprêtées..	franc.	»»	224,245	Paris.
51	Etoffes pures de bourre de soie	kilogr.	4,253	221,156	Lyon.—Grande valeur; petit tonnage; — fortes assurances.
52	Perles fines	gram.	10,150	162,400	Paris.—Dix kilogrammes !— valeur 162,400 fr. — Lequel du fret ou de l'assurance coûte le plus?
53	Savons ordinaires. . . .	kilogr.	300,654	265,556	Marseille, Paris. — Navires à voiles.
54	Ouvrages en caoutchouc ou en gutta-percha. .	—	17,883	281,006	Paris.
55	Etain brut, battu ou laminé	—	70,043	265,078	Marchandises réservées aux navires à voiles.
56	Coutellerie.	—	13,515	171,297	Paris, Châtellerault.
57	Sel de saline et sel gemme..	q. mèt.	51,968	90,944	Marchandises réservées aux navires à voiles.
58	Pierres ouvrées.	franc.	»»	140,151	Id.
59	Meules à moudre. . . .	pièce.	2,249	674,700	La Ferté-sous-Jouarre, Seine-et-Marne. — Marchandises réservées aux navires à voiles.
	Autres articles.	......	....	5,241,123	
	TOTAL			100.579,782	

Un examen attentif du tableau ci-dessus nous prouve :

Que le Havre ne produit, par lui-même, aucune des marchandises que la France exporte pour les Etats-Unis ;

Qu'il ne peut compter sur aucun appoint venant, *par cabotage*, des ports du golfe de Gascogne ;

Qu'il prive, par conséquent, la Compagnie concessionnaire de *frets importants* (voir le tableau) ; — car il est évident que les expéditeurs de *vins*, d'*eaux-de-vie*, de *liqueurs*, de *fruits secs* et *confits*, d'*huiles épurées*, de *poissons marinés* ou à l'*huile* et *autres produits* du golfe de Gascogne, reculeront devant les frais, les retards, les transbordements, les assurances, les avaries et le coulage qu'entraînerait la *double traversée* de la Manche ;

Qu'il prive, par conséquent encore, le commerce du golfe de Gascogne de l'immense débouché que lui offriraient les paquebots transatlantiques, s'ils étaient établis à Brest ; — car il est évident que les expéditeurs qui préfèrent payer les frais d'un transport par chemins de fer que d'exposer leurs marchandises à la traversée de la Manche, quand il s'agit de les amener à Paris, n'hésiteraient pas (dès le jour où ils n'auraient plus la Manche à leur faire traverser pour les faire parvenir plus promptement aux Etats-Unis), à payer les frais, *moins coûteux*, qu'exigerait l'expédition à Brest de ces mêmes marchandises, et le fret, *plus modéré*, que pourraient demander les paquebots, d'un plus fort tonnage, qui seraient établis à Brest.

Le Havre ne peut compter sur aucun appoint de l'Espagne et du Portugal.

Le Havre ne peut rien attendre de la Belgique, de la Hollande et des ports des mers du Nord ; car il en est plus éloigné que Londres, que Douvres et Southampton ; car il allongerait, au lieu de la supprimer, la traversée de la Manche ; car il serait ridicule de penser que les marchandises, qui auraient reculé devant le petit bout de mer qui sépare le Havre d'Anvers et d'Amsterdam, consentissent, une fois lancées en chemins de fer, à faire un crochet vers le Nord pour aller chercher le Havre ; tandis qu'elles n'auraient qu'à continuer tout droit pour éviter la Manche et aller embarquer dans les paquebots américains, de plus grandes dimensions, qui ne manqueront pas, *eux*, de venir exploiter tous les avantages de la rade de Brest, aussitôt que le chemin de Rennes à Brest sera livré à la circulation. — Cependant la clientèle des peuples du Nord sera d'autant plus précieuse que, pendant la saison d'hiver, la navigation est interrompue dans leurs ports.

Le Havre ne peut compter sur aucun appoint de l'Angleterre et de l'Irlande. — Ne serait-il pas ridicule, en effet, de voir un paquebot annexe aller chercher des marchandises à Dublin, à Cork, à Liverpool, à Falmouth ou à Southampton, pour les faire traverser, *deux fois*, la Manche, et les amener aux paquebots havrais ; quand, presque tous les jours, des paquebots anglais ou américains partent de tous ces ports pour New-York ?

Brest, au contraire, plus central en France et en Europe, rayonne sur l'Espagne et le Portugal, sur tous les ports du golfe de Gascogne, sur tous les ports du canal Saint-Georges et de la mer d'Irlande ; il est placé sur la route de tous les navires qui entrent dans la Manche ou qui en sortent.

Brest est le port du Continent le plus voisin de Liverpool, qui est actuellement le foyer du commerce transatlantique.

Or, si l'on voit des steamers anglais venir audacieusement chercher des marchandises au Havre, pour les conduire au fond du canal Saint-Georges, sur les paquebots de la compagnie Cunard, n'est-on pas autorisé à penser que la compagnie qui établira de Brest à Liverpool, à Dublin, à Cork, à Cardiff, à Falmouth et à Southampton, des paquebots en correspondance avec ses lignes maîtresses, fera une opération bien plus logique ?

Brest est le port du Continent le plus voisin de l'Irlande, et personne n'ignore que cette province fournit chaque année un nombre considérable d'émigrants pour les États-Unis.

Nous tiendrons compte ici de cette circonstance, parce que les émigrants, payant généralement un passage très-modique, sont considérés comme moyen terme entre les passagers ordinaires et les frets de marchandises.

2

Jusqu'à présent ces émigrants n'ont pu profiter des paquebots dits *transatlantiques*, parce que, sur ces bâtiments, construits dans des dimensions, limitées par le peu d'eau qu'offrent les ports de Liverpool ou de Southampton, il a été impossible de disposer en leur faveur d'un vaste entrepont.

Brest, par la profondeur de ses eaux et par l'immense courant de voyageurs et de marchandises qui viendront s'y embarquer, permettra aux compagnies concessionnaires de services transatlantiques, en Europe et aux États-Unis, de se lancer dans les constructions gigantesques. Les Compagnies pourront, alors, prendre une quatrième classe de passagers, qui, sans payer plus cher qu'ils ne paient aujourd'hui sur les navires à voiles, laisseront cependant des bénéfices raisonnables à la Compagnie : ces passagers seront les émigrants.

Exemple :

Le troisième entrepont d'un navire de 6 à 7,000 tonneaux, — divisé en deux compartiments, l'un pour les hommes et l'autre pour les femmes, — pourrait recevoir les hamacs de mille individus ; soit, à 100 fr. l'un, pris gratis à la frontière du Rhin, à la frontière de Belgique ou à Cork, en Irlande............................... fr. 100.000 00

Sur lesquels nous laissons pour les chemins de fer (3ᵉ classe) ou les bateaux à vapeur annexes.............................. 30.000 00

Reste pour la Compagnie transatlantique, fr. 70.000 00

Dépenses :

La nourriture, sans vin, de chaque émigrant étant comptée sur le pied de 1 fr. 50 par jour (ce qui est beaucoup), 1.000 émigrants coûteraient, par jour.....fr. 1.500 00

Pour 9 jours (*de Brest!*).................. 13.500 00

En chiffres ronds........................ 15.000 00

C'est-à-dire qu'il resterait à la Compagnie un bénéfice net de............................ 45.000 00 par traversée.

Ce premier bénéfice ne priverait nullement la Compagnie des bénéfices que pourraient lui laisser les autres passagers et les marchandises.

Reste à savoir si l'Europe fournirait assez d'émigrants ?

Comptant sur un départ par jour, il faudrait, par an, 365,000 émigrants.

Les services français seront bi-mensuels !

Le Havre expédie en moyenne, par navires à voiles américains, 1,200 émigrants par mois.

L'Angleterre a fourni, seulement pour les *États-Unis* :

en 1847......	142,154	émigrants.
1848......	188,233	—
1849......	219,450	—
1850......	223,078	—
1851......	257,357	—
1852......	244,264	—
1853......	230,885	—
1854......	193,065	—
1855......	103,444	—
1856......	111,837	—
1857......	126,905	—

Dans ces chiffres ne sont pas compris les émigrants pour les *colonies du Nord-Amérique.* Ces derniers se sont élevés à :

109,680.	. . . en	1847
31,065.	. . .	1848
41,367.	. . .	1849
32,961.	. . .	1850
42,605.	. . .	1851
32,873.	. . .	1852
34,522.	. . .	1853
43,761.	. . .	1854
17,966.	. . .	1855
16,378.	. . .	1856
21,061.	. . .	1857

Ne penserez-vous pas, Messieurs, que nous pourrions bien attirer quelques-uns de ces émigrants à Brest, — (notes *qu'il n'est pas question de passagers,)* — si nous y établissions nos paquebots transatlantiques d'une manière convenable? — Surtout quand nous aurons eu l'honneur de vous démontrer *qu'il faudra,* — que cela leur convienne ou ne leur convienne pas, — que tous les paquebots *Cunard, Collins, Pereire, Vanderbilt et Cᵉ,* fassent escale ou *attache* à Brest, aussitôt que nos chemins de fer bretons seront inaugurés ; c'est-à-dire dans 18 mois, et, bien avant, si cela dépendait de nous.

En résumé, il ne nous faudrait que 26,000 émigrants par an : pensez-vous que nous pourrons les attirer à Brest? — Oui. — Eh bien, si nous établissions nos paquebots au Havre, ils ne profiteraient pas de ce fret de sortie, parce qu'ils seraient d'un tonnage trop faible pour consacrer un entrepont à des passagers qui ne paieraient que 70 fr., nourriture comprise, et déduction faite de la somme qui reviendrait aux chemins de fer.

Et nous ne calculerons pas ce que perdraient nos chemins de fer, notre commerce et toutes nos industries, en perdant le passage, aller et retour, des milliers d'émigrants qui circulent, annuellement, d'un Continent à l'autre.

En résumé, le Havre ne rayonne sur aucune des nations qui environnent la France, nous venons de le démontrer ; les navires qui sortent du Pas-de-Calais ou qui y entrent se gardent bien de quitter la côte d'Angleterre pour s'affaler sur les côtes de Normandie; le Havre n'est situé sur la route d'aucun des grands courants commerciaux existants; il sera aussi bien en dehors de ceux auxquels vont donner naissance les chemins de fer continentaux que les ports des Iles-Britanniques; le Havre est le port du bassin de la Seine, réduit à sa plus simple expression par les chemins de fer : voyez maintenant, Messieurs, si le bassin de la Seine fournira une partie suffisamment importante des frets de sortie, qui seront nécessaires à nos paquebots transatlantiques, pour qu'il soit concevable de lui sacrifier tout le commerce d'exportation français et le transit continental.

En ce qui concerne les frets de retour :

Les inconvénients que nous avons reprochés au port du Havre vous apparaîtront, Messieurs, bien plus évidents et bien plus saisissants.

En effet, il ne s'agit plus :

De frets rares et difficiles à réunir sur un même point ; de marchandises dont la prime d'assurance est quinze ou vingt fois plus forte que le prix du fret ; de marchandises d'une grande valeur, sous un petit volume.

Il s'agit :

De quantités de marchandises bien plus considérables que nous n'en pourrons transporter ; de marchandises pour lesquelles le prix des frets joue un rôle aussi important que la prime d'assurance ; de frets lourds et encombrants ; des transports de *grains*, de *tabacs*, de *cotons*.

Voici, du reste, le tableau de ces importations :

Importations en France.

MARCHANDISES ÉTRANGÈRES ARRIVÉES PENDANT L'ANNÉE 1857.

Rang d'importance.	Désignation des marchandises.	Unités.	Quantités.	Valeurs actuelles.
1	Coton en laine	kil.	78,124,051	160,148,305
2	Tabac en feuilles ou en côtes	Id.	12,088,411	16,923,775
3	Froment (grains)	hecto.	330,301	7,927,224
4	Cendres et regrets d'orfèvre	kil.	217,692	6,530,760
5	Cuivre	Id.	2,341,204	7,559,714
6	Farines de froment	q. m.	86,980	3,653,160
7	Eaux-de-vie et esprit (alcool pur)	litre.	5,310,545	5,294,396
8	Merrains de chêne	pièce.	6,328,646	4,430,052
9	Peaux brutes	kil.	1,535,159	3,033,037
10	Fanons de baleine bruts	Id.	299,168	3,590,016
11	Potasse	Id.	1,514,543	1,665,997
12	Brai sec, résine d'huile et colophane	Id.	7,518,218	1,578,826
13	Bâtiments de mer	ton.	4,417	713,250
14	Ecorces de quinquina	kil.	88,240	330,900
15	Graisses de toutes sortes	Id.	1,222,454	1,776,924
16	Riz en grains	Id.	1,549,470	898,786
17	Viandes salées	Id.	845,181	818,957

Rang d'importance.	Désignation des marchandises.	Unités.	Quantités.	Valeurs actuelles.
18	Bois à construire......................	franc.	—	943,730
19	Bois d'ébénisterie....................	kil.	1,372,610	343,653
20	Maïs (grains).........................	hecto.	63,242	917,008
21	Passementerie et rubans de soie........	kil.	3.640	505.800
22	Quercitron	Id.	915,803	210,634
23	Caoutchouc et gutta-percha bruts.......	Id.	66.073	198,219
24	Sucre brut..........................	Id.	482,197	424,341
25	Piment..............................	Id.	154,272	138,845
26	Bois de teinture en bûches............	Id.	1,054,189	222,962
27	Poils de toutes sortes................	Id.	27,193	142,810
28	Ouvrages en caoutchouc et gutta-percha.	Id.	18,294	223,876
29	Plumes de parure.....	Id.	8,698	213,212
30	Cire non ouvrée, jaune ou brune.......	Id.	73,623	346,028
31	Racines de salsepareille..............	Id.	44,992	89,934
32	Chapeaux de paille fine...............	pièce.	8,351	33,404
33	Crins bruts..........................	kil.	89,496	250,589
34	Café....	Id.	135,657	196,703
35	Ecailles de tortue....................	Id.	1 867	102,685
36	Végétaux filamenteux bruts............	Id.	99,400	64,610
37	Eponges	Id.	14.773	108 526
38	Sparte en tiges brute.................	Id.	83,000	13,280
39	Tabac fabriqué ou seulement préparé....	Id.	10,570	10.887
40	Machines et mécaniques...............	Id.	43,306	60.170
41	Vêtements et pièces de lingerie........	franc.	—	45,692
42	Minerai de fer.......................	kil.	968,000	29,040
43	Meubles	franc.	—	45,503
44	Seigle (grains).......................	hecto.	7,012	112,192
45	Essence de térébenthine..............	kil.	65,154	52,123
46	Nacre de perles en coquilles brute......	Id.	15,067	16,574
47	Ouvrages en bois.....................	franc.	—	112,553
	Autres articles.....................	»	—	761,178

Total........................ 233,810,890

Dans ce total :

Les *cotons* figurent pour une valeur de............ 160.148.305 fr.

Les *tabacs*   —   — 16.934.862

Les *grains*
$\left\{\begin{array}{l}\text{Froment........ 7.927.224}\\ \text{Farines......... 3.653.160}\\ \text{Riz .... 898.786}\\ \text{Maïs .... 917.008}\\ \text{Seigle.......... 112.192}\end{array}\right.$ 13.508.370

Ensemble : Les *cotons*, les *tabacs* et les *grains* figurent pour une valeur de........................ 190.591.337

Il ne reste donc pour toutes les autres marchandises qu'une valeur de............................... 43.219.653

Somme égale au total ci-dessus,............ 233.810.890

D'où nous concluons que les *cotons,* les *tabacs* et les *grains,* qui représentent les quatre cinquièmes de nos importations, sont les chargements, *de retour,* que nous devons avoir en vue.

C'est ici, Messieurs, que les dimensions des navires pèseront de toute leur influence sur le succès ou sur l'insuccès de l'opération transatlantique ; que nos grands navires, — après s'être débarrassés de leurs émigrants, — pourraient s'en donner *à cale ou à entrepont que veux-tu.*

C'est ici que les avantages de la rade de Brest se feraient le plus vivement sentir ; que les inconvénients du Havre s'escompteraient dans les caisses de l'Etat, au chapitre de la subvention, qui serait toujours insuffisante, et, dans les caisses de la Compagnie, au chapitre des recettes, qui ne fourniraient aucun dividende.

C'est ici que nous demanderons quel serait le tonnage des paquebots construits en vue d'entrer au Havre, *en toute période de pleines mers, de* MORTES *et de* VIVES EAUX ?

Car le projet de loi fait bien mention de la puissance des machines, de la composition des équipages, etc..., etc..., mais il ne dit pas un mot du tonnage des navires. Cependant il est clair que si l'on adapte une machine trop faible à un navire d'un trop grand tonnage, ce navire ne marchera pas, qu'il sera manqué.

Car il n'est pas inutile non plus de faire remarquer, que l'*Arago,* le *Fulton,* l'*Adriatic* et le *Vanderbilt,* — (ces steamers que nous sommes si fiers de voir venir échouer sur les vases de l'avant-port du Havre), — sont obligés de régler leurs services de manière à faire coïncider leurs arrivées et leurs départs *avec les plus grandes marées,* celles des jours qui précèdent ou qui suivent les *pleines* et *nouvelles lunes ;* qu'ils laissent cependant la moitié et quelquefois la totalité de leur cargaison, à *Cowes ;* qu'ils ont épuisé leur combustible, et qu'ils sont *sur lest* quand ils viennent s'échouer au Havre : des navires de cette capacité, *chargés, et quoique construits en bois,* ne supporteraient pas l'échouage !

Oui, Messieurs, il convient que nous demandions quelques détails sur le tonnage et la construction des coques des paquebots que l'on se propose d'établir au Havre, car il importe que nous sachions bien :

Quelle quantité de marchandises ils pourraient prendre à New-York ;

S'ils doivent être construits en *bois* ou en *fer*, c'est-à-dire s'ils seraient des navires d'*échouage* ou des bâtiments qui devraient *toujours être maintenus à flot ;*

Si nous voulons organiser un service *régulier* de *quinzaine* ou un service *lunaire ;*

Si nous voulons que nos paquebots laissent leur chargement en route, ou qu'ils n'en prennent pas du tout ;

Si nous voulons que les anglais se moquent de nous ; ou si nous voulons leur faire une concurrence sérieuse ?

Car il importe à notre honneur que nous ne fassions pas d'une belle et nationale affaire une opération ridicule et de tripotage financier.

Car il importe à la prospérité de toutes les forces productives de la nation que, lorsque nous aurons donné une subvention annuelle de 10 millions, une avance de fonds de 18 millions, et permis à une Compagnie d'appeler un capital de plus de *cinquante millions*, toutes ces valeurs ne soient pas perdues, gaspillées ! ! !....

Marin, nous avons souvent essayé de nous rendre compte du tonnage dont pourraient disposer, en faveur de la cargaison, les paquebots havrais.— (*Logement de la machine, de l'eau, des vivres, des rechanges, de l'équipage, du combustible et des passagers déduit ;*) — nous n'avons jamais pu trouver un cube plus considérable que celui de 300 à 350 tonneaux.

Nous savons bien qu'avec un peu de complaisance nous aurions, peut-être, pu trouver quelques tonneaux de plus, en construisant des bâtiments *à fonds plats*, comme le *Vanderbilt*, comme les navires commandés par le peu de profondeur d'eau qu'offre le Havre, comme ces *vessies* qui exigent une puissance de machine démesurée et, par suite, une dépense et un encombrement considérables de combustible, pour atteindre une vitesse moins qu'ordinaire; mais devant une question aussi grave, devant une question de la bonne solution de laquelle dépend tout l'avenir commercial, industriel, maritime et politique de la France, nous avons rejeté loin de nous toute complaisance, et nous nous sommes fait un devoir de tout sacrifier au plus grand succès de l'opération.

Est-ce donc, Messieurs, avec des navires qui pourraient prendre aussi peu de marchandises que nous devons nous présenter à New-York, pour disputer les frets de *coton*, de *grains* et de *tabacs* aux bâtiments à voiles? (*ce que n'ont pas encore pu faire les steamers anglais et américains*).

Non! Et, si nous établissions nos paquebots de la poste au Havre, il faudrait renoncer *aux frets de retour*; comme nous serions obligés de renoncer *aux frets de sortie* et aux *émigrants*.

Cependant laissons de côté, pour un instant, tous les inconvénients inhérents à la mauvaise position maritime du Havre, et calculons ce que pourrait produire à la Compagnie un chargement de 350 à 400 tonneaux en *cotons*.

Le fret de New-York au Havre, par navires à voiles, est presque invariable; il est fixé à 3/4 de *cent* (ou centième de dollar) par livre anglaise, avec 10 0/0, *dits de chapeau*, au change de 5 fr. 30 c., soit 96 fr. 30 c. pour 100 kilogrammes.

Mais 100 kilogrammes de coton cubent près de deux tonneaux.

Forçons le prix du fret, portons-le à 100 fr. par tonneau; forçons aussi le cube disponible sur nos paquebots, portons-le, d'un seul coup, à 500 tonneaux; et, pour rattraper une bien petite partie de ces deux exagérations en faveur de la Compagnie, admettons que 1,000 kilogrammes de coton cubent exactement deux tonneaux, nous aurons alors :

$$\frac{500 \text{ T.} \times 100 \text{ Fr.}}{2} = 25{,}000 \text{ fr. de fret, par voyage.}$$

Maintenant, Messieurs, nous vous le demandons :
Serait-ce bien la peine de retarder un paquebot de 3,000

tonneaux, d'une valeur de 3,000,000 fr. environ, et ayant 444 hommes d'équipage à payer et à nourrir, pendant le temps que durerait le chargement et le déchargement de ces cotons?

Serait-ce bien la peine de diminuer la vitesse de nos paquebots, pendant toute la traversée, en leur faisant porter ce misérable chargement?

Serait-ce bien la peine de mettre un navire de plus sur la ligne pour faire un service régulier? — Car il est bien évident que, pendant le temps que durerait le chargement ou le déchargement, le navire ne marcherait pas.

Et nous ne tenons compte ni de l'intérêt du capital ni de l'assurance du navire, qui courront tous les jours, ni des frais d'entrée en douane et d'amarrage à quai, que l'on pourrait éviter en renonçant à ce *frétin* ; et... etc...

Le jeu n'en vaudrait pas la chandelle!...

Et la meilleure preuve que nous puissions en donner, c'est de dire : que la compagnie Cunard, avec des navires d'un tonnage bien supérieur à celui que l'on pourrait donner aux paquebots havrais, *y a renoncé.*

Les frets de GRAINS *et de* TABACS *laisseraient encore moins de bénéfices.*

Car, Messieurs, si le *Vanderbilt*, construit en bois, prend quelquefois des chargements de *grains*, à New-York, pour utiliser la grande capacité que lui donnent ses formes plates, *exceptionnelles;* c'est qu'il peut profiter de sa relâche dans cette colonie cosmopolite, qui manque toujours de *grains*, que l'on appelle l'Angleterre.

Nos navires seront-ils construits en bois, à fonds plats; seront-ils de plus de 5,000 tonneaux; feront-ils escale en Angleterre, comme le *Vanderbilt?*

Ou bien, comptons-nous transborder ces grains, et les réexpédier par cabotage à Southampton?

Les grains des États-Unis pourraient-ils supporter la double assurance, le transbordement, le double fret, et les frais de consignation qu'occasionnerait semblable opération?

Car, après la *Beauce*, la *Normandie* est la province la plus fertile de France ; et on pourrait bien dire, d'un navire qui apporterait des grains au Havre : *qu'il apporte de l'eau à l'Océan !*

Mais, nous objectera-t-on, le tableau ci-dessus nous prouve que la France a reçu, en 1857, pour 13,508,370 fr. *de grains* des États-Unis.

A cela, nous répondrons :

La récolte était-elle bonne en 1857 ?

Et à supposer qu'elle le fût, ces grains sont venus sur des navires à voiles, qui les ont chargés à vil prix, au lieu de *lest ;* car les *cotons* ne chargent pas assez pour dispenser un navire de prendre un quart ou un cinquième de sa jauge en *lest.*

Ainsi donc, ce serait à des navires à voiles de grandes dimensions, qui chargent les grains à vil prix, qu'il faudrait que nos paquebots havrais fissent concurrence : cela est matériellement impossible.

Quant aux *tabacs ?*

La France, en 1857, en a reçu 12,088,411 kilogrammes, soit 12,088 tonneaux.

A 500 tonneaux par voyage et à 26 voyages par an, il faudrait donc, pour charger nos paquebots de tabacs, 13,500 tonnes ; soit 1,412 tonneaux *de plus* que n'en a importé la France.

Et le Havre, placé à l'un des pôles de la France, peut-il avoir la prétention de recevoir tous les tabacs que la France importe des Etats-Unis ?

Et les tabacs ne sont-ils pas des produits de la *Virginie* et du *Maryland*, qui nous viennent directement de *Baltimore*, de *Richmond* et de *Norfolk ?*

Enfin, les tabacs paieraient-ils à la Compagnie des frets plus rémunérateurs que les cotons ?

O Messieurs les représentants de la nation la plus intelligente de la terre ! qu'il nous soit permis de vous dire : notre cœur de marin et de Français se serre, quand nous pensons que si nous ne trouvons pas les expressions qui

conviennent pour faire pénétrer dans vos cœurs les convic-
tions que nous devons à vingt ans de pratique de la mer, la
belle opération transatlantique peut être compromise.

Jetez les yeux sur une carte de l'Océan atlantique, nous
vous en supplions, et voyez si ces réseaux ferrés américains
et européens, qui viennent aboutir à New-York et à Brest, ne
vous demandent pas, à grands cris, un pont, une passerelle,
un moyen quelconque d'établir entre eux une connexion,
qui fera de la France l'entrepôt du commerce des deux Continents !

Oui, Messieurs, une Compagnie intelligemment adminis-
trée, qui organiserait ses services à Brest avec des bâtiments
de grandes dimensions, serait certaine, dès maintenant, de
trouver chaque voyage à New-York, en *cotons*, en *tabacs*
et en *grains*, un chargement complet.

Car si la Normandie est le grenier de la France, si le
comté de Southampton, situé en face du Havre, est le grenier de l'Angleterre, l'Irlande est le foyer d'une disette
éternelle.

Et Brest est le port du Continent le plus voisin (95 lieues)
de Cork, le plus beau port de l'Irlande.

Et si nous ne le faisons pas, les Américains ne manqueront pas, avec leurs paquebots transatlantiques gigantesques, de venir débarquer leurs dépêches, leurs voyageurs et
quelques marchandises précieuses sous les grues des Compagnies de l'Ouest et d'Orléans, à Brest; ensuite, ils iront porter leurs fonds de chargement de grains à Cork, faire leur
charbon à Swansea ou à Cardiff, et reviendront enfin prendre les voyageurs, les correspondances et marchandises
précieuses, que leur amèneront en trains express, en trains
de marchandises, les chemins du Continent, ou bien encore
les caboteurs à vapeur de la Manche et du golfe de Gascogne: ils auront pris eux-mêmes tout ce qu'ils auront trouvé
en Irlande et dans le pays de Galles, en ANGLETERRE !

Brest serait aussi bien placé à l'égard des cotons et des
tabacs que des grains : à égale distance de Liverpool et de
Bilbao, de Cork et de Southampton, de Nantes et de Saint-

Malo, du Havre et de Bordeaux, de Bayonne et de Dunkerque ; — à quelques heures, par le chemin de fer, et à quelques minutes, par le télégraphe, des principaux marchés industriels du Continent ; — sur la route de tous les navires qui viennent en Europe ou qui s'en écartent ; — Brest nous est naturellement indiqué comme devant devenir, aussitôt que l'embranchement de Rennes à Brest sera terminé, le premier entrepôt du commerce transatlantique.

Avant dix ans, Messieurs, il ne viendra pas un seul navire à voiles des Etats-Unis, ou de tout autre point de l'Atlantique, chargé de cotons ou de n'importe quelle marchandise, sans qu'il ne soit obligé de toucher à Brest ; ne fût-ce qu'une heure, pour y recevoir une dépêche télégraphique, qui indiquera au capitaine sur quel marché de l'Europe, Liverpool, Cork, le Havre, Londres, Newcastle, Anvers, Amsterdam, Brême, Hambourg, Bordeaux ou Nantes, il doit porter son chargement.

Car il n'y aura pas un négociant qui ne s'estimera heureux d'apprendre que ses marchandises sont en panne, au milieu de l'immense rade de Brest, à l'entrée de la Manche, attendant qu'il lui plaise de les diriger vers le point qui en sera le plus dépourvu, où elles trouveront, par conséquent, le meilleur placement.

Que résultera-t-il de cette manœuvre, qui sera nouvelle à Brest, mais qui est bien vieille dans les habitudes de la marine et du commerce ?

Qu'un négociant intelligent, puis deux, puis un très-grand nombre, comprenant les avantages de la situation géographique de la rade de Brest, *et surtout les avantages des grands navires sur les petits*, viendront — *en dehors de toutes ces mers étranglées où s'engloutissent, tous les hivers, tant de richesses et tant d'existences, bien plus précieuses encore*, — établir leurs comptoirs sur les rivages de la plus belle rade de l'Europe (1) ;

---

(1) La rade de Brest a 101 kilomètres de circuit.—Six rivières très-profondes, à leur embouchure, se jettent dans cette admirable baie.—Elle n'offre pas moins de 80 pieds d'eau à marée basse, et l'on ne rencontre pas un haut fond ou rocher dans toute son immense étendue.

Que ces habiles négociants feront venir de tous les points du monde, par immenses navires, à des prix de fret si modérés, que l'on oserait à peine y croire aujourdhui, des quantités considérables de produits bruts, d'une grande consommation, qu'ils expédieront ensuite, sur une dépêche télégraphique de l'un de leurs nombreux correspondants, soit par les chemins de fer, soit par caboteurs à voiles ou vapeur, sur tel ou tel marché du Continent, qui, ne pouvant pas recevoir de grands navires, se procurera ainsi, *de seconde main*, les marchandises dont il aura besoin, *à meilleur marché*, que s'il les faisait venir directement.

Que dire de plus pour prouver la supériorité de Brest sur tous les ports de l'Europe ?

Attendez ; car nous n'avons pas encore énuméré tous les avantages de la rade de Brest : et, plus la pensée s'arrête sur quelque chose de vraiment bon, plus elle lui trouve de perfections.

Lorsque S. M. Napoléon III aura inauguré le chemin de fer de la Compagnie de l'Ouest et celui de la Compagnie d'Orléans, à Brest, dans quinze à dix-huit mois, plus tôt, si vous le voulez bien :

Où ces deux Compagnies iront-elles chercher les charbons qu'elles consommeront?

— Évidemment, ce sera à Cardiff, à Swansea, les premiers entrepôts de houilles de l'Angleterre, et les ports les plus rapprochés de Brest ;— ou ailleurs? — Cela ne changera rien à la question.

Où l'arsenal militaire de Brest et notre marine de guerre iront-ils chercher leur approvisionnement de combustible?

Où toute l'industrie et la population de la presqu'île bretonne, enfin mises en possession de voies de communication, iront-elles chercher les charbons qu'elles consommeront?

Où les steamers transatlantiques américains iront-ils chercher leur combustible?

Où la Compagnie concessionnaire des services transatlantiques de la ligne des États-Unis et des Antilles iraient-elles chercher leurs charbons, s'il vous paraissait, Messieurs, d'un intérêt national de prendre Brest comme port d'attache?

— A Swansea, à Cardiff, dans le canal de Bristol.

— Comment viendraient, COMMENT VIENDRONT, dans la rade de Brest, ces millions de tonnes de charbon?

— Par le cabotage.

Brest va donc devenir un foyer de cabotage immense!

Et voilà de nombreux frets d'entrée pour des milliers de caboteurs !

— Mais, ces pauvres caboteurs seront-ils obligés d'acheter du lest à Brest, pour retourner aux mines du pays de Galles, qui regorge *de fer* et de houilles?

Non, Messieurs, ils préféreraient prendre, *pour rien*, les marchandises qu'apporteront, *presque pour rien aussi*, les immenses navires qui viendront à Brest, — *le port d'Europe le plus près de tous les pays de production du Nouveau-Monde,* — nous apporter : les cotons, les tabacs, les grains des Etats-Unis ; les sucres, les cafés, les cuirs, les laines, les cuivres, les salpêtres, les guanos de l'Amérique du Sud ; les riz, les poivres et autres produits des contrées de l'Océan Indien.

Alors, le commerce maritime des nations continentales sera bien simplifié : ces nations ne feront plus, ou très peu, d'opérations dites *à long terme* ou *de longue haleine.*

Mais, nous dira-t-on, ce sera toute une révolution dans les courants et dans les habitudes du commerce?

— Oui ; mais elle flattera les goûts et les intérêts de l'humanité : elle réussira!

— Oui ; mais elle affranchira toutes les nations de l'Europe septentrionale des misères que leur infligeait une position géographique défavorable au point de vue du commerce maritime : elle réussira !

— Oui ; mais elle conduira inévitablement la France à sérieusement disputer le monopole du commerce universel et l'empire des mers à l'Angleterre : elle réussira!

Oui, elle réussira :

Car elle s'appuie sur des bases sérieuses, sur le bien-être des masses, sur le progrès ;

Car le commerce et l'industrie réclament depuis long-temps les frets à bon marché ;

Car tous les peuples du monde sont directement intéressés à ce que l'Angleterre trouve dans la France un concurrent sérieux ;

Car les Etats-Unis ont le plus grand intérêt à posséder, hors de tous dangers, un port accessible aux léviathans, qu'ils peuvent charger, et qu'ils brûlent de construire.

Oui, elle réussira :

Car le commerce universel, —qui n'est encore que le produit des échanges de *cent millions* d'hommes civilisés, éparpillés sur tous les points du Nouveau-Monde, avec *trois cents millions* d'Européens, — continuera à se développer en suivant la progression qu'il a suivie, depuis 1815 jusqu'à ce jour. Et cela, jusqu'à ce que les Amériques, l'Océanie, l'Afrique et les Indes, *dix fois plus riches, vingt fois plus vastes que l'Europe*, mettent en présence l'une de l'autre des populations également nombreuses et aussi civilisées.

Que sera le commerce transatlantique dans cinq ans, dans dix ans, dans vingt ans ?

Que sera le commerce transatlantique, lorsque 500 millions d'hommes, initiés aux bienfaits de la civilisation et du commerce, échangeront les produits qu'ils demanderont à un sol si riche, et les produits de leur industrie, contre ceux de 500 millions d'Européens ?

Quelles dimensions devront avoir les paquebots qui auront à donner satisfaction à un commerce pareil, à un mouvement de migration comme celui qui existera bientôt entre les deux Continents, entre les deux mondes ?

O Messieurs ! nous vous en conjurons au nom des intérêts les plus sacrés de la France, que vous avez mission de sauvegarder, croyez-nous :

Le règne des petits navires et des ports sans eau est fini ;

Les Anglais et les Américains sont dans le vrai en se lançant dans les grandes constructions et en creusant de nouveaux ports ;

Ils marchent en avant du progrès, et le succès les suit ;

Imitons-les, et bientôt le règne de la France commencera.

Car, si le Continent américain peut recevoir des navires aussi grands que le *Great-Eastern*, sur vingt de ses points, le Continent européen ne peut les recevoir que sur un seul point.

Car ce point se trouve en France : Dieu l'a créé au milieu de la rade de Brest.

Et tout ce qui vient de Dieu est bien.

Telles sont, Messieurs, entre mille autres, les principales raisons qui nous ont fait dire : qu'en prenant le Havre pour port d'attache de nos paquebots de la ligne des États-Unis, *on n'avait pas eu en vue de leur assurer des chargements importants de marchandises.*

Les correspondances, les voyageurs et les marchandises représenteront les *recettes* de la Compagnie ; nous venons de démontrer que le projet de loi les compromettrait tout à fait : voyons maintenant, si, pour établir une sorte de compensation, il diminuerait les *dépenses*.

DÉPENSES.

Nous examinerons dans ce chapitre :
Le coût du matériel, son entretien et son assurance ;
Les avaries ;
Les pertes totales ;
Les frais d'équipage ;
Les frais de pilotage, droits de port et de bassins ;
La dépense et la consommation de combustible ;
Enfin, la subvention.

En ce qui concerne le coût du matériel ?

Si l'on prend pour base le nombre de traversées à effectuer dans l'année (cinquante-deux) et le retard moyen qu'occasionneraient la traversée de la Manche, l'heure de la marée qu'il faudrait toujours attendre au Havre, et le temps perdu à faire escale à Cherbourg (trente heures minimum), on reconnaîtra que Brest économiserait :

$$30 \text{ h.} \times 52 \text{ T.} = 1560 \text{ h. ou 65 jours, par an,}$$

de matériel badaudant à la mer, exposé à tous les dangers,

$$\text{Soit } \frac{365}{65} = 5 \frac{40}{65} = 5 \frac{8}{13};$$

Soit plus du cinquième du nombre de paquebots nécessaire pour faire le service.

Car il ne faudra pas plus de temps aux correspondances, aux voyageurs et aux marchandises, pour débarquer ou pour embarquer à New-York, que le paquebot français vienne du Havre ou qu'il vienne de Brest.

Faisons remarquer que si ce cinquième du coût du matériel havrais était réparti sur l'ensemble du matériel brestois, on aurait un matériel plus digne de tenir la mer et de soutenir la concurrence des nations étrangères.

Observons encore qu'un matériel d'un cinquième plus fort en tonnage, d'un cinquième plus puissant sous le rapport des machines, et d'un cinquième plus perfectionné en tous points, marcherait mieux, et, par suite, augmenterait encore cette différence de 65 jours de traversée par année, à l'avantage de Brest.

Donc, *on n'a pas eu en vue de diminuer le coût du matériel.*

En ce qui concerne l'entretien du matériel ?

Devrait-il échouer sur les vases de l'avant-port du Havre?

Ne serait-il pas exposé à plus d'avaries en restant plus longtemps à la mer?

Et la Compagnie qui serait obligée d'entretenir au Havre cinq navires, au lieu de quatre qui suffiraient largement pour faire le service entre Brest et New-York; la Compagnie, dis-je, n'aurait-elle pas une dépense d'entretien plus considérable à supporter au Havre?

Donc, *on n'a pas eu en vue de diminuer les frais d'entretien du matériel.*

En ce qui concerne l'assurance du matériel ?

Il est clair que les Compagnies feront payer *plus cher* les risques qu'elles auront à couvrir pour les paquebots havrais, qui auraient la traversée de la Manche et l'escale de Cherbourg à affronter tous les voyages, qu'ils ne feraient payer les risques, considérablement moins sérieux, de la traversée de New-York à Brest.

D'un autre côté, nous venons de voir qu'il nous faudrait un matériel d'un cinquième moins coûteux à Brest qu'au Havre, il en résulte que la valeur à assurer serait diminuée d'un cinquième.

Donc, *on n'a pas eu en vue de diminuer les frais d'assurances.*

En ce qui concerne les avaries ?

Un bon navire, bien commandé, n'a que trois dangers sérieux à craindre : le *feu*, les *abordages* et la *côte*.

Les paquebots établis au Havre seraient toujours en présence de ces trois dangers.

Les paquebots établis à Brest n'auraient jamais à craindre les *abordages* et la *côte* dans les mers d'Europe, où ils ne passeraient pas ; et, quant au *feu*, restant moins longtemps à la mer, ils y seraient moins exposés que les paquebots havrais.

Donc, *on n'a pas eu en vue de diminuer les avaries.*

En ce qui concerne les pertes totales ?

L'expérience a démontré que la *côte*, le *feu* et les *abordages* sont à peu près les seules causes de pertes totales. Nous venons de démontrer que les paquebots havrais y seraient constamment exposés, tandis que les paquebots brestois n'auraient pas à les redouter.

Donc, *on n'a pas eu en vue de diminuer les pertes totales.*

En ce qui concerne les frais d'équipages ?

Un navire de plus exige un équipage de 111 hommes de plus à payer et à nourrir.

Donc, *on n'a pas eu en vue de diminuer les frais d'équipage.*

En ce qui concerne les frais de pilotage, les droits de port et de bassins ?

On peut entrer dans la rade de Brest, de jour ou de nuit, de beau ou de mauvais temps, par tous les vents, avec ou sans observations astronomiques, sans pilote.

Les paquebots pourraient faire toutes leurs opérations de chargement et de déchargement en rade, comme ils le font dans tous les ports des Amériques et du monde, les Etats-Unis exceptés ; ils n'auraient alors ni frais de pilotes, ni frais de port à payer.

Tout le monde sait, au contraire, que les frais de pilotage, de port et de bassins, dépassent, au Havre, tous ceux des autres ports de France.

Et il convient de faire remarquer que ces frais seraient applicables à tous les navires charbonniers ou bâteaux annexes qui formeraient le cortége des paquebots transatlantiques.

Donc, *on n'a pas en vue de diminuer les frais de pilotage, de port ou de bassins.*

En ce qui concerne la dépense et la consommation de combustible ?

Ceci est à remarquer :

Que le Havre est le seul de nos grands ports qui soit privé du voisinage de houillères françaises.

Ainsi, Nantes a à sa disposition toutes les mines du *bassin de la Loire ;* Bordeaux a les mines d'*Aubin,* qui s'annoncent comme très riches ; et Marseille a à choisir entre les mines de *Graissessac,* celles d'*Alais,* des *Bouches-du-Rhône* et celles de *Saint-Etienne*, les plus riches de France.

Le Havre est encore le port de la Manche le plus éloigné des entrepôts de charbon *anglais ;* car l'Angleterre ne possède pas de houilles dans la Manche.

Ses principaux entrepôts sont : *Newcastle,* dans la mer du Nord ; *Cardiff* et *Swansea,* dans le canal de Bristol.

Donc, la Compagnie paierait ses charbons plus cher au

Havre qu'à Brest, qui est le port du Continent le plus voisin de l'Irlande, de Cardiff et de Swansea.

Mais le charbon coûterait encore plus cher au Havre qu'à Brest, parce que les navires qui l'apporteraient auraient à payer des frais de pilotage, de port, de halage, de bassin à n'en plus finir au Havre; tandis qu'à Brest, leur déchargement pourrait se faire en rade et par transbordement, sans aucuns frais.

Et nous n'avons pas encore dit que les paquebots établis au Havre auraient à chauffer pendant 1,560 heures de plus que les paquebots brestois (voir page 34) pour faire la traversée de la Manche.

C'est-à-dire qu'ils seraient obligés, en calculant leur consommation de combustible à raison de *cinq* tonneaux par heure, de brûler 7,800 tonneaux de plus que les paquebots brestois.

La Compagnie ferait donc, en calculant le prix du charbon à 42 fr. 50 c. par tonneau (*en tenant compte du prix du charbon qui sera embarqué à New-York pour les traversées de retour*), une dépense de 332,500 fr., qu'elle économiserait en établissant ses services à Brest.

Soit, différence de la perte au gain, 665,000 fr.

Et si, à cette perte inutile de 665,000 fr., nous ajoutions la différence des prix moyens du tonneau de charbon, pris à Brest au lieu du Havre, multipliée par la consommation totale annuelle, nous trouverions, qu'établie au Havre, la Compagnie dépensera plusieurs millions de plus que si elle était établie à Brest.

Cependant, nous n'avons pas encore fait remarquer que les 7,800 tonneaux de charbon, que la Compagnie devrait emmagasiner *en plus* dans ses paquebots havrais, la priveraient, chaque année, d'emmagasiner le même nombre de tonneaux de marchandises, *si les marchandises pouvaient venir au Havre.*

Calculons donc quel serait le fret perdu pour la Compagnie?

En fixant ce fret à 100 fr. par tonneau, nous aurions :

7,800 × 100 = 780,000 fr. de fret perdu pour la Compagnie établie au Havre, et, par conséquent, 780,000 fr. de fret gagné par la Compagnie qui s'établirait à Brest ; soit, différence de la perte au gain qui existerait entre une opération intelligemment montée et une opération mal conçue, 1,560,000 fr., qu'il faudrait ajouter aux deux dépenses d'achat de combustible dont nous venons de parler, *dépenses qu'il faudrait doubler si l'on voulait calculer la différence de la perte au gain.*

En résumé, rien que sur l'achat, la consommation et l'emmagasinage du combustible, une Compagnie établie à Brest gagnerait plusieurs millions, *plus que la subvention.*

Donc, on n'a pas eu en vue de diminuer la dépense et la consommation de combustible.

En ce qui concerne la subvention :

Elle est calculée sur le nombre de lieues marines parcourues, et sur la force des machines mise fort intelligemment en fonctions du combustible consommé ; à raison de 1,139 fr. par force de cheval, et 58 fr. 20 c. par lieue parcourue.

Le Havre est situé à 90 lieues plus loin de New-York que Brest ; soit 180 lieues marines de plus à faire par voyage ; soit : 180 × 26 = 4,540 lieues à subventionner.

Soit : 4,540 × 58,20 = 264,288 fr. de sacrifices imposés au Trésor.

Mais nous avons dit, page 34, en calculant le coût du matériel, qu'en établissant nos paquebots à Brest, nous pouvions économiser le cinquième du matériel. Donc, au lieu de cinq bâtiments de 850 chevaux, il ne nous en faudra que quatre.

Soit : 850 × 1,139 fr. = 968,150 fr., que nous pourrions encore économiser sur la subvention.

Réunissons les deux économies :

968,150 fr. sur le nombre de lieues parcourues ;

264,288 sur la force des machines.

Total. . 1,232,438 fr., plus du tiers de la subvention !

Donc, on n'a pas eu en vue de diminuer la subvention.

Ainsi, Messieurs, en choisissant le port du Havre comme port d'attache des paquebots de la ligne des Etats-Unis :

D'une part, on réduirait les *recettes* à leur plus simple expression, à *rien;*

D'autre part, on exagérerait les *dépenses* autant qu'il est possible de le faire.

Comment se *balancerait* une opération semblable?

Quels résultats produirait-elle ?

Ils sont faciles à prévoir :

Elle conduirait la Compagnie concessionnaire à la ruine;

Elle amènerait un gaspillage malheureux des deniers de l'État;

Elle laisserait le commerce français, pendant un quart de siècle encore, sans moyens de communication avec les États-Unis;

Et, au lieu d'attirer en France le transit des correspondances, des métaux, des voyageurs et des marchandises précieuses des deux Continents, elle ne servirait qu'à mettre en relief la supériorité des services anglais ;

Elle paralyserait enfin tous les efforts que feraient nos industriels pour suivre leurs concurrents étrangers dans la voie du progrès, dans la grande carrière que viennent de leur ouvrir les nouveaux traités de commerce.

Car il importe peu que nous nous épuisions en efforts surhumains pour manufacturer, pour fabriquer, pour produire nos articles à meilleur marché que l'Angleterre :

Si nous ne pouvons pas les faire parvenir sur les marchés du Nouveau-Monde;

Si nous sommes obligés de continuer à faire le sacrifice de la partie la plus claire de nos bénéfices pour solder les frais d'assurances et les frets excessifs que réclame l'expédition de nos marchandises à Liverpool, port d'Europe le plus voisin du pôle Nord.

NOUS PROTESTONS CONTRE LE PROJET DE LOI,

Parce que, reposant sur une base fausse, tous ses détails sont mauvais;

Ainsi :

Aussitôt qu'il a été arrêté, en principe, que l'on prendrait les ports de *Saint-Nazaire* et du *Havre* pour ports d'attache, on a été obligé de laisser de côté toutes les questions relatives aux goûts et aux exigences légitimes des clients pour lesquels on voulait établir des services transatlantiques.

Les correspondances exigent les traversées les plus courtes ? — « Nous obtiendrons du gouvernement et du » Corps législatif une loi qui les obligera à prendre la route » la plus longue, et il faudra bien qu'elles s'en contentent. »

Les voyageurs ne veulent pas se noyer dans la Manche ; ils craignent le mal de mer ; ils désirent aller aussi vite que les correspondances ; ils affectionnent par-dessus tout les grands navires ? — « Puérilités que tout cela ! nous établi- » rons nos paquebots au Havre, et il faudra bien qu'ils y » viennent. »

Les marchandises réclament les grands navires, les frets à bon marché, l'économie des risques qu'elles ont à faire assurer ? etc…, etc… — « Fadaises que tout cela ! celles qui » ne voudront pas venir dans nos paquebots prendront les » navires à voiles. »

Quand il s'est agi de la construction des navires, de déterminer leurs dimensions et la puissance des machines ?

Bien que l'expérience ait conduit les Compagnies anglaises à constamment augmenter les dimensions de leurs steamers ;

Bien que l'on ait reconnu que ces habiles Compagnies s'appuient, en cela, sur une base solide, certaine, irréfutable : que le commerce entre les deux Continents tend chaque jour à se développer ;

Bien qu'il soit admis que les grands navires peuvent seuls fournir des recettes suffisantes, abaisser le prix des frets et des passages ;

On a passé outre sur toutes ces considérations, qui doivent si puissamment influer sur le succès ou sur l'insuccès de l'opération.

Et nous avons vu ces mêmes hommes, ou leurs collègues, qui ont construit, ou qui sont capables de construire, le *Na-*

poléon, la *Bretagne*, la *Gloire*, la *Foudre*, la *Normandie*...
la sueur au front, mettre leur esprit à la torture, briser
leurs crayons de dégoût, pour donner à des navires, qui ne
pourront jamais faire honneur à ceux qui les construiront,
des lignes d'eau que leur main traçait en tremblant, parce
que leur génie les réprouvait.

*Il ne s'agit pas ici de construire des navires qui feront
l'admiration du monde entier ; il faut dessiner une machine
navale qui obligera les correspondances, les voyageurs et
les marchandises à subir tous les dangers de la double traversée de la Manche ; il faut fournir les plans d'un bateau
qui pourra entrer au Havre.*

Telle est la question posée, depuis vingt ans, et le cadre
dans lequel est étouffé le génie de tous ceux de nos ingé-
nieurs et de nos constructeurs qui se sont occupés de la
construction de nos paquebots transatlantiques.

Et nous ne nous apercevons pas, accrochés depuis vingt
ans à cette base fausse, à cette planche usée, qu'en agissant
ainsi :

Nous paralysons tous les efforts que font nos économis-
tes les plus distingués pour détruire les anciens préjugés et
initier le pays aux nouvelles théories, qui sont la conséquence de l'application générale de la vapeur à la navigation et au roulage continental ;

Que nous arrêtons brutalement l'essor que le gouvernement de l'Empereur veut donner au commerce extérieur et
à l'industrie française ;

Que nous condamnons notre marine à rester stationnaire ;
Que nous comprimons le génie français !

On a pu nous dire que la France ne possédait pas de pla-
ques de tôles en quantité suffisante pour construire, d'usines
et de chantiers susceptibles de construire, *en temps de paix*,
le matériel de notre service des lignes des *États-Unis* et des
Antilles (1) !

Vienne la guerre ! que dans une première rencontre notre matériel naval se trouve fortement endommagé, avarié,

(1) Il paraît que les lignes des *Indes* et du *Brésil* sont plus heu-
reuses. (Voir le projet de loi, article 17 du cahier des charges.)

compromis : combien nous faudrait-il de temps pour fournir à notre personnel un nouveau matériel ?

Méditez la question, Messieurs, car il ne vous en a jamais été soumis de plus grave !

Elargissez le cadre où doit se développer le génie français des constructions navales, et tous vos marins ne resteront plus, le cœur serré, pendant des heures entières, en contemplation devant l'*Adriactic*, le *Vanderbilt*, le *Persia* et le *Great-Eastern*, chefs-d'œuvre des Américains et des Anglais : leurs regards s'arrêteront, avec orgueil, sur les chefs-d'œuvre de leurs concitoyens !

Sortez la question des voies infimes où elle croupit depuis vingt et un ans, et bientôt la France deviendra la nation la mieux placée, en Europe, pour ses exportations ainsi que pour ses importations ; dans quelques années, elle sera l'entrepôt du commerce universel ; et vous verrez ses flottes se promener aussi fières sur l'Océan que ses armées sur le Continent !

Elevez la question, et, dégagée du voile qui interceptait ses rayons, vous verrez briller dans tout son éclat, autour du trône de Napoléon III, une auréole d'hommes de génie, qui fera promptement pâlir cette lumière lointaine, l'une des plus grandes gloires du règne de Louis XIV, qui nous éclaire encore !

A-t-on eu en vue de faire une concurrence sérieuse aux paquebots américains et anglais ?

Non ! car il ne prendra fantaisie à personne de contester le génie commercial et maritime des Américains, de ce peuple qui, en quarante ans, s'est si fièrement, si glorieusement campé, sur l'Océan, en face de l'Angleterre et sous les yeux du monde civilisé tout entier.

Or, ce serait nier ce génie que de supposer que les *Collins*, que les *Vanderbilt* et leurs nombreux rivaux ne seront pas les premiers à inaugurer nos chemins de fer bretons ; que de nous illusionner au point d'admettre qu'ils négligeront ce moyen d'enlever aux Compagnies anglaises la clientèle du Continent ; que de penser qu'ils ne profiteront pas des chemins de fer bretons pour introduire, à meilleur marché, leurs produits en Europe.

Ce serait insulter au génie des Américains que de croire qu'ils continueront à aller échouer, *à vide*, leur magnifique matériel sur les vases de l'avant-port du Havre ; quand, *chargé*, ils pourront le maintenir à flot, ses grands panneaux d'aplomb sous les grues de la Compagnie de l'Ouest et de la Compagnie d'Orléans, sur trois points à choisir dans la rade de Brest : *à l'entrée de la Penfeld, sous Porstrein, et à l'embouchure de la rivière de Landerneau.*

Jamais le nation ne consentira à laisser amarrer un paquebot comme le *Vanderbilt* au bas de la *Penfeld*, pourrait nous objecter un étranger qui n'aurait aucune connaissance de l'esprit national et du caractère élevé du peuple français?

À cette objection nous répondrions :

Le peuple français est grand dans tout ce qu'il fait, et nous n'hésitons pas à déclarer qu'il n'oserait jamais, *en temps de paix*, chasser un paquebot, comme le *Vanderbilt*, qui se présenterait, chargé de correspondances, de voyageurs et de marchandises précieuses, à l'entrée de la Penfeld pour inaugurer un service qui aurait pour conséquence d'attirer, en France, le transit universel.

Du reste, la Penfeld n'est pas indispensable ; nous avons même prévu le cas où le port que l'on construit en ce moment, sous Porstrein, ne conviendrait pas ou ne serait pas prêt ; *et, bien qu'il nous reste fort peu de temps pour tenir nos engagements avant l'inauguration des chemins de fer bretons*, nous engageons notre honneur, devant les représentants de la nation, à préparer pour cette époque, à l'embouchure de la rivière de Landerneau, un port qui sera accessible aux plus grands navires auxquels l'esprit humain puisse songer, qui pourra recevoir et conserver à flot, quel que soit leur nombre et quelque gigantesques que soient leurs dimensions, tous les paquebots qu'il plaira aux États-Unis de nous expédier.

Les lignes américaines pourront donc prendre Brest pour

port d'attache aussitôt que les chemins de fer bretons seront terminés ; elles ne manqueront pas de le faire, et il n'est personne qui ne comprenne que les paquebots lilliputiens établis au Havre ne pourraient pas soutenir une concurrence semblable.

Quant à la concurrence anglaise ?

Faisons d'abord remarquer : que le matériel imposé à la Compagnie, par le peu de profondeur du port du Havre et par le projet de loi, *serait inférieur*, sous tous les rapports, au matériel que faisait construire la compagnie Cunard, il y a plus de dix ans (nous voulons parler de l'*Arabia* et du *Persia*, de 2,400 tonnes et de 960 chevaux) ;

Qu'il sera inférieur au matériel que la compagnie Cunard se dispose *à mettre au rebut ;* — tant à cause de ses longs services et du développement qu'à pris le commerce transatlantique, que pour se mettre en mesure de faire aux services français une concurrence vraiment *anglaise.*

Mais, quand on veut juger des hommes ou des choses, il faut autant que possible se mettre à leur place. Transportons-nous donc, par la pensée, dans la salle des séances du conseil d'administration de la compagnie *Cunard.*

(Nous sommes au lendemain de la promulgation de la loi qui concède à la compagnie V. Marziou le service des lignes des Antilles et des Etats-Unis.)

Un administrateur. — Qu'allons-nous faire devant la concurrence française, si richement subventionnée ?

Cunard. — Nous allons laisser le *Great-Eastern* faire ses essais, et terminer les chemins de fer bretons ; nous ferons, autant que nous pourrons, tenir la mer à notre vieux matériel, et nous tâcherons, par d'habiles intermédiaires, d'engager la Compagnie française à nous acheter nos plus mauvais bateaux (*ceux que nous mettrions au rebut*).

Si la Compagnie française se méfie du tour, indubitablement elle essaiera de commander son matériel à nos amis... alors, nous verrons.

Si, au contraire, elle construit en France ? — Nous la laisserons avancer son matériel jusqu'aux 5/6 ; et, quand tous ses marchés seront conclus, quand elle aura dépensé tous ses capitaux, nous mettrons sur les chantiers un matériel de 10,000 tonneaux et de 2,000 chevaux par steamer, dont voici les devis tout prêts.

Nous ferons escale à Brest, parce que *Collins, Vanderbilt* ou *Jonathan* nous y forceront indubitablement, et, en définitive, parce que nous y aurons le plus grand intérêt.

Nous laisserons ensuite la Compagnie française exploiter, à son aise, le bassin de la Seine.

Quant à notre nouveau matériel, soyez sans inquiétude, toutes les précautions sont prises ; quelques mois suffiront à sa construction ; il sera mis à flot en temps opportun ; et, fiez-vous en à moi, vous pourrez considérer les paquebots français comme les chaloupes de nos steamers !

Vous n'avez jamais permis, Messieurs, que la France présentât à l'ennemi une armée mal commandée et mal équipée ; permettrez-vous que la marine, l'industrie et le commerce français s'engagent dans une lutte, qui peut avoir des conséquences plus graves que la plus grande guerre, dans des conditions aussi misérables ?

Nous allons maintenant, Messieurs, en appeler à un dernier argument, qui suffira pour démontrer d'une manière définitive, que c'est à Brest, et non pas au Havre, que nous devons établir nos paquebots de la ligne des Etats-Unis.

Nous allons démontrer :

D'UNE PART, que, prenant le Havre pour port d'attache, nous ne changerions rien à l'état fâcheux des choses existant et que nous exposerions, —*sans aucun profit pour la France,*—la Compagnie concessionnaire à une concurrence terrible de la part des Compagnies américaines, anglaises, belges, brémoises, hambourgeoises et autres des nations du Nord qui se formeront au fur et à mesure que le commerce transatlantique se développera ;

D'AUTRE PART, que, arrêtant notre choix sur Brest, nous supprimerions, —*comme par magie,* et cela *au plus grand profit de la France,*—toute concurrence étrangère.

En établissant nos paquebots au Havre, nous ne chan-

gerions rien à l'état des choses existant. — Nous ajoute-
rions deux départs par mois, rien de plus, à ceux qui nous
sont fournis par les services *lunaires* des Compagnies
américaines *Livingstone* et *Vanderbilt*, et nous n'empêche-
rions pas les paquebots anglais (en correspondance avec les
grands services de la compagnie Cunard) de venir, quatre
fois par semaine, nous enlever les marchandises françaises,
qui, pour la plupart, n'ont pas plus tenu compte des services
irréguliers américains que s'ils n'existaient pas.

*Quant aux marchandises belges, hollandaises, de l'Eu-
rope septentrionale et de l'association allemande,* — elles
ne sont jamais venues chercher au Havre les steamers américains ; elles ne viendraient pas davantage chercher nos
paquebots.

Ajoutons que le Havre n'a jamais fourni assez de trafic
pour faire vivre les Compagnies américaines, obligées de
partager ce trafic avec les Compagnies anglaises.

Tout le monde sait, en effet, que les paquebots de la Compagnie *Vanderbilt* font une escale à *Cowes*, qui leur fournit plus de fret, de voyageurs et de correspondances que le
Havre.—De plus, en prenant leur charbon à *Cowes*, ces
paquebots font une économie importante que nous ne pourrions pas réaliser.

Quant à la ligne *Livingstone*, pendant les mois d'été, elle
fait seulement *escale* au Havre, et poursuit sa route jusqu'à
Brême.—Il suffit de jeter un coup-d'œil sur une carte pour
acquérir la certitude que cette Compagnie ne fait pas un
aussi long trajet sans y trouver une bonne compensation.

Terminons-en à ce sujet, en disant : que, l'*hiver*, les steamers américains établis au Havre naviguent *ad libitum*,
comme de véritables navires du commerce, sans la moin-
dre régularité dans leur service, supprimant ou ajoutant un
voyage quand bon leur semble ; qu'ils annoncent dans les
journaux qu'ils sont en charge et qu'ils partent quand ils
sont prêts, quand cela leur convient.

Est-ce un service semblable que nous voulons organiser ?

Et pense-t-on que la part de fret que nous enlèverions à

ces Compagnies américaines, — que nous devrions au contraire protéger, si nous étions gens à leur tenir compte du courage qu'il leur a fallu pour soutenir, depuis vingt ans, la concurrence anglaise, — suffise pour assurer de belles recettes à nos paquebots, *qui ne feront pas escale à Cowes ni à Brême ?*

Pense-t-on à la baisse dans le prix des frets et des passages, au luxe incroyable dans les constructions, et à la grande vitesse, que donneraient à leurs steamers les Compagnies américaines et anglaises, qui devraient nous faire une concurrence terrible ou nous céder la place ?

Pense-t-on que ce serait surtout à New-York, quand nos paquebots seraient amarrés, le beaupré sur la poupe des majestueux steamers anglais et américains, que l'infériorité de notre matériel apparaîtrait dans toute son évidence ?

Cependant, si nous passions sur toutes ces considérations qu'en résulterait-il ?

Que nous aurions à subir une concurrence terrible, et bien méritée, de la part des Compagnies américaines auxquelles nous viendrions disputer une clientèle, qu'elles ont eu tant de peine à acquérir ;

Que nous aurions également à subir la concurrence des lignes anglaises, établies à Liverpool, à Southampton, à Galway... et la concurrence de toutes les lignes établies à Brême, à Hambourg et à Anvers.

Que gagneraient nos chemins de fer, le Havre, toutes nos industries et la France à cette concurrence ?

Peut-être la perte des lignes américaines, et, tout au plus, la satisfaction de voir flotter, d'une manière bien précaire, le pavillon français à la poupe de cinq navires de plus.

Car il ne s'agit bien que de cinq navires ! Et encore, ne devrions-nous le cinquième qu'à la gracieuseté que veut bien nous faire la Compagnie générale maritime ; car la loi, base du projet de loi actuel, n'exigeait de la Compagnie concessionnaire que quatre paquebots, nombre plus que suffisant, quoi qu'on en dise, pour faire le service, s'il est intelligemment dirigé.

Convenons-en, ce serait là une bien coûteuse et une bien piteuse affaire !

Voyez, au contraire, Messieurs, ce qui arriverait si nous installions nos paquebots de la ligne des Etats-Unis à Brest :

1° Nous entraînerions forcément avec nous les lignes américaines ;

2° Il n'existerait plus de services *lunaires*, mais bien des services *réguliers*, *fréquents* et *rapides*, qui, concentrés sur le point du Continent le plus voisin des Amériques, éviteraient aux correspondances, aux voyageurs et aux mar-chandises précieuses, la traversée de la Manche ;

3° Au lieu d'une *concurrence* mesquine et ruineuse, nous pourrions offrir aux Compagnies américaines, qui ont fait tant d'efforts pour travailler avec la France, une *alliance* qui ne tarderait pas à être très-profitable aux deux peuples ;

4° Nous tendrions également une main amie aux Com-pagnies belges, hollandaises, brémoises et hambourgeoises; nous les engagerions à faire escale à Brest, et à venir inter-caler leurs services avec les nôtres ;

5° Toutes ces Compagnies comprendraient les immenses avantages de l'escale de Brest : possibilité de renouveler leurs provisions, leur combustible, d'embarquer plus de marchandises, de naviguer en toutes saisons, de faire un service postal plus rapide, d'éviter la traversée de la Manche à leurs nationaux, à leurs marchandises les plus précieuses, d'épargner des frais d'assurances considérables, de diminuer toutes leurs dépenses, d'augmenter toutes leurs recettes, de développer les dimensions de leurs paquebots, de faire concurrence aux navires à voiles pour les frets, etc., etc. (Voir notre Mémoire *Avenir de l'administration des postes*);

6° Nous pourrions installer un service de bateaux annexes entre Brest et tous les ports importants du canal Saint-Georges, de la Manche, des mers du Nord et du golfe de Gascogne ;

7° Ce service correspondrait avec toutes les lignes, quelle que soit leur nationalité ;

8° Nous inviterions poliment la compagnie Cunard à se réunir à la grande fusion des lignes appartenant aux deux Continents ;

9° Il est probable qu'elle n'attendrait pas cette invitation ; car il est impossible de supposer que jamais elle consente à aller annoncer à New-York des nouvelles connues depuis quarante heures. Or, les paquebots partant de Brest feraient gagner quarante heures à la malle continentale (Voir notre Mémoire *Avenir de l'administration des postes*) ;

10° Il n'est pas admissible non plus que la compagnie Cunard consente à perdre la clientèle de voyageurs et de marchandises du Continent ; c'est pourtant ce qui lui arriverait, si elle ne faisait pas escale à Brest ;

11° A la rigueur, nous pourrions, *de force*, obliger la compagnie Cunard à faire escale à Brest, si elle ne comprenait pas combien elle est intéressée à faire cette escale (on nous permettra de ne pas divulguer ce moyen, dont, bien certainement, nous n'aurons pas besoin de nous servir auprès d'une Compagnie aussi intelligente) ;

12° Toutes les Compagnies américaines, anglaises et européennes concentrées à Brest, soit en concurrence, soit naviguant en parfait accord, nous fourniraient au moins un départ par jour de Brest à New-York (Voir notre Mémoire *Avenir de l'administration des postes*) ;

13° La concurrence se réduirait à une lutte de vitesse, de luxe dans les constructions navales, et de comfort offert aux correspondances, aux voyageurs et aux marchandises ;

14° Brest et New-York deviendraient les grands embarcadères et débarcadères des deux Continents ;

15° La navigation à vapeur entrerait dans une voie de perfectionnement aussi grandiose que le roulage sur les deux Continents ;

16° Les correspondances, les voyageurs et les marchandises n'auraient plus de jours de courrier ou de départ à attendre, plus de transbordements, plus de retards et plus de dangers inutiles à redouter ;

17° Il ne s'agirait plus ici, Messieurs, de faire flotter à l'arrière de trois ou quatre bateaux les couleurs françaises ; il s'agirait d'éviter au commerce universel le crochet vers le Nord, qu'il a dû faire jusqu'à ce jour, pour aller réclamer et payer bien cher les services de la marine britannique ; il s'agirait de faire défiler, sur nos chemins de fer et devant tous nos magasins, les centaines de milliers de voyageurs et les quantités considérables de marchandises qui circulent entre les deux Continents, d'un bout de l'année à l'autre ; il s'agirait de procurer au commerce universel les moyens de suivre sa route directe, en traversant la France !.....

18° Il s'agirait, enfin, *de l'émancipation du Continent, de faire de Paris la capitale de l'univers, et de la France un roman !*

Un vote favorable, Messieurs, et cette grande révolution dans les courants généraux du commerce universel sera un fait accompli !.....

OBJECTIONS.

Mais, nous dira-t-on, *vous raisonnez absolument comme si les chemins de fer bretons étaient terminés.*

Absolument !

Car, marin, nous savons ce qu'il faudra de temps pour construire un matériel comme celui de la ligne des Etats-Unis ; Français, nous ne pouvons pas admettre qu'il soit permis à une Compagnie, si richement subventionnée, d'acheter le rebut des Compagnies anglaises, ou de commander ce matériel à des constructeurs anglais ; et le gouvernement nous a promis que l'embranchement de Rennes à Saint-Brieuc serait inauguré en janvier 1862, et celui de Saint-Brieuc à Brest avant la fin de la même année.

Cela nous suffit pour déclarer hautement : que les chemins de fer bretons seront terminés longtemps avant que les paquebots français ne soient mis à l'eau.

Mais, nous objectera-t-on, *vous n'êtes pas à la question ; il ne s'agit pas de savoir si les paquebots partiront du*

Havre ou de Brest, une loi a déterminé, depuis longtemps, les ports d'attache ; il s'agit tout simplement, maintenant, d'un projet de loi portant approbation des stipulations financières contenues dans une convention passée entre le ministre des finances, la Compagnie générale maritime et la Société du Crédit mobilier, pour l'exploitation du service postal entre la France, les Etats-Unis et les Antilles?

A cette objection, dont nous comprenons toute l'importance, nous répondrons :

Si le projet de loi actuellement soumis à l'examen du Corps législatif était un projet de loi indépendant, nous n'aurions pas, en effet, à remettre en question une loi depuis longtemps promulguée avec laquelle il n'aurait aucun rapport.

Mais il n'en est pas ainsi, Messieurs ; le projet de loi portant le n° 126 n'est véritablement qu'une longue série d'amendements et de modifications que l'on vous propose d'ajouter au texte de LA LOI DU 17 JUIN 1857, — loi restée sans effet jusqu'à ce jour, que l'on vous invite à corriger dans l'espoir de faire disparaître les causes de son impuissance ;

Édifice qui croule, auquel on vous prie d'ajouter un étage, espérant ainsi le rendre plus solide ;

Arbre qui n'a produit aucun fruit, sur lequel on vous engage à enter une jeune greffe.

Et cette jeune greffe, Messieurs, est une somme de 18,600,000 fr., avec laquelle on pourrait faire de si belles et de si grandes choses, si elle était bien employée !

Il nous a semblé, Messieurs, qu'il était essentiel, avant de s'occuper *des amendements* (c'est-à-dire du projet de loi actuel), de bien examiner, d'abord, si la loi que l'on désire modifier est une bonne loi ; si l'édifice sur lequel on veut bâtir présente des fondements assez solides pour soutenir les nouveaux et coûteux ouvrages dont on désire lui faire supporter le poids.

Nos études nous ayant conduit à reconnaître que les imperfections de la loi du 17 juin 1857 étaient les seules causes auxquelles il convenait d'attribuer l'insuccès qui a, tour à tour, couronné les tentatives de la Compagnie franco-américaine, de la Compagnie V. Marziou, appuyée du concours de la plus puissante Compagnie financière qui existe en France, et celles de toutes les personnes qui se sont occupées de former une Compagnie pour l'exploitation des lignes postales des Etats-Unis et des Antilles, nous avons cru qu'il était de notre devoir de marin, de Français et d'homme qui connaît aussi bien tous les rouages de l'opération transatlantique, qu'un horloger connaît les ressorts d'une bonne montre, de vous signaler d'abord les véritables causes qui ont paralysé tous les efforts que fait le gouvernement, depuis vingt ans, pour doter le pays des services transatlantiques : nous avons protesté contre un projet de loi qui s'appuie sur une loi dont le temps et l'expérience n'ont que trop prouvé les imperfections.

Nous allons maintenant, Messieurs, examiner le projet de loi qui vous est soumis ; nous vous signalerons les points par où il pèche, et ensuite vous prononcerez.

30 mai 1861.

DEUXIÈME PARTIE.

Nous ne pouvons pas prévoir, Messieurs, le jugement que vous porterez sur notre protestation.

Nous ne pensons pas être dans le faux,

Nous croyons être dans le vrai,

Nous ne craignons qu'une chose pour la grande cause que nous défendons : c'est d'être taxé d'exagération.

Dans le premier cas, — nous aurions à vous témoigner tous nos regrets d'avoir, ne fût-ce qu'un instant, interrompu vos travaux : nous vous prions, d'avance, de vouloir bien agréer nos excuses.

Dans le second cas, — il nous resterait à formuler clairement nos conclusions : nous ne reculerons pas devant ce devoir.

Nous pensons :

Que le Corps législatif doit purement et simplement renvoyer au Conseil d'Etat le projet de loi actuellement soumis à son approbation ;

Et qu'il ne doit se laisser arrêter, dans cette voie, par aucune considération secondaire.

Car, dès qu'il aura reconnu qu'il n'est pas possible d'établir des services transatlantiques *sérieux*, sans prendre Brest pour port d'attache :

Il aura du temps devant lui (1) ;

Il acquerra la certitude qu'il peut assurer une grande économie au Trésor, en mettant de nouveau les services transatlantiques en adjudication (2) ;

---

(1) Les paquebots ne pourront bien fonctionner que lorsque les chemins de fer bretons seront terminés.

(2) Il s'agit d'une subvention de 10,000,000 fr. à payer pendant vingt ans (soit : 200,000,000 fr.) et de l'avance d'une somme de 18,600,000 fr.

Nous sommes convaincu que l'on obtiendrait, sur la subvention, un rabais, qui produirait une somme considérable au bout de vingt ans, en mettant de nouveau les services des Antilles et des Etats-Unis en adjudidation.

Il comprendra qu'il a un acte de haute justice à remplir envers les Compagnies auxquelles le Havre avait été indiqué comme port d'attache, et qui ont été obligées de régler leurs soumissions sur le cahier des charges qui leur était *imposé;*

Enfin, il ne pourra plus prêter son concours aux combinaisons financières d'une Compagnie, qui se disposerait à solliciter les épargnes des fournisseurs, des constructeurs, des armateurs, des négociants et des industriels havrais, en leur promettant les bénéfices d'une opération qu'elle aurait solennellement pris l'engagement d'organiser à Brest, aussitôt que les chemins de fer bretons seront terminés.

DANS LE TROISIÈME CAS, — *si nous sommes taxé d'exagération; si l'on pense que nous avons trop haut élevé la question, et que quelques amendements au projet de loi suffiront pour garantir l'avenir?* — Nous nous inclinerons devant ce jugement ; mais nous continuerons à examiner le projet de traité entre le Gouvernement et la Compagnie maritime, et nous vous demanderons, Messieurs, les amendements qui nous paraîtront indispensables pour garantir cet avenir de la marine, de l'industrie et du commerce français, auquel le plus petit des Français est aussi intéressé que le plus grand.

Cela posé :

Nous déclarons d'abord ne vouloir, en aucune façon, nous immiscer dans les affaires particulières de la Comgnie générale maritime;

Nous demandons, ensuite, que les amendements suivants soient apportés au projet de loi portant le nᵒ 126.

PREMIER AMENDEMENT (1).

La Compagnie concessionnaire des lignes postales des Antilles et des États-Unis sera tenue de prendre la rade de Brest, comme *point de bifurcation de tous ses services, aussitôt que les chemins de fer bretons seront terminés.*

Toutes les dispositions contradictoires contenues, tant dans le cahier des charges annexé au décret du 20 février 1858, que dans le projet actuel, seront modifiées à l'amiable, par le Gouvernement et la Compagnie concessionnaire, sans qu'il puisse être, sous quelque prétexte que ce soit, rien

(1) Article additionnel.

ajouté ou retranché au chiffre de la subvention, ainsi qu'à l'avance de fonds sollicitée par la Compagnie et accordée par le Gouvernement (1).

La Compagnie ne pourra, dans aucun cas, élever le prix des passages ou des frets, sans y avoir été autorisée par circulaires des Ministres des finances et du commerce, publiées au moins trois mois à l'avance.

La Compagnie devra accorder une diminution sur le prix des passages et des frets qu'elle recevra à Brest pour New-York, et à New-York pour Brest.

Cette diminution sera proportionnée au nombre de lieues marines parcourues, en moins, par les voyageurs et les marchandises qui préféreront la voie de Brest à celle du Havre.

La Compagnie ne pourra, dans aucun cas, refuser d'embarquer, soit au Havre ou à Brest, soit à Nantes ou à Bordeaux, les marchandises qui lui seront présentées quarante-huit heures avant le départ du bateau annexe ou du paquebot transatlantique.

(Cet amendement est justifié par notre protestation tout entière.)

DEUXIÈME AMENDEMENT

(Aux articles 8, 9 et 10 du projet de loi).

Le matériel de la Compagnie devra être construit en France, acheté en France, réparé en France, et naviguer sous pavillon français.

(Cet amendement n'a pas besoin d'être motivé, il touche de trop près à l'honneur et aux intérêts généraux de la France et de la Compagnie concessionnaire pour qu'il soit nécessaire d'entrer dans plus de détails (2).

TROISIÈME AMENDEMENT

(A l'article 11 du projet de loi).

Nous protestons énergiquement contre les modifications apportées à l'article 2 du cahier des charges annexé au décret du 20 février 1858 :

(1) Cet amendement est tellement gros de millions pour la Compagnie générale maritime, qu'elle ne saura, avant six mois, comment nous en témoigner sa reconnaissance ???...

(2) Voir notre lettre d'envoi, page 16.

Parce qu'elles auraient pour effet d'arrêter complétement le développement de notre marine, de notre industrie et de notre commerce transatlantiques.

Parce que l'Etat, loin d'avoir intérêt à écraser la concurrence, doit l'encourager de tout son pouvoir.

Parce que le Gouvernement ne saurait trop prendre garde de mettre la fortune publique à la merci d'une Compagnie dont l'aptitude, le bon ou le mauvais vouloir, et la puissance financière peuvent changer du jour au lendemain.

Parce qu'il convient que cette Compagnie, qui pourra contribuer si puissamment au développement de nos relations intercontinentales, soit constamment aiguillonnée, comme la compagnie Cunard, par la présence des services en concurrence.

Parce qu'il est essentiel que le Gouvernement se réserve la faculté d'organiser de nouveaux services entre la France et Boston, entre la France et Portland, entre la France et Baltimore, entre la France et Norfolk, ou tout autre point du continent américain qui fournirait assez de trafic pour donner lieu à l'établisement d'un nouveau service.

L'Angleterre exploite déjà toutes ces lignes. Personne n'ignore qu'il part, tous les jeudis et tous les dimanches, de Queenstown, un steamer de la compagnie Cunard pour New-York, Boston ou Portland. Ce qui n'empêche pas plusieurs autres paquebots de partir de Liverpool, de Galway, de Londres et de Southampton pour les Etats-Unis.

Nous l'avons déjà dit, page 1re : « Il s'agit d'établir, entre » deux mondes, un réseau de moyens de communication à » grande vitesse, qui sera, sur l'Atlantique, *la seconde par-* » *tie, le complément indispensable de nos voies ferrées.* »

L'Etat ne doit pas casser, dès le début, bras et jambes à tous ceux qui, animés du désir de faire une concurrence sérieuse aux compagnies anglaises et même à la Compagnie générale maritime, comptent les jours, en attendant l'inauguration des chemins de fer bretons, pour se lancer dans des entreprises qui ne pourront que faire honneur à la nation, tout en l'enrichissant.

Qu'on ne l'oublie pas, le projet de loi actuellement soumis à l'approbation du Corps législatif engage le Gouvernement pour vingt-trois ans (*au moins*) envers la Compagnie générale maritime.

Qu'on pense à ce qui s'est passé en Angleterre et aux Etats-Unis depuis 1838, en fait de paquebots transatlantiques ; que l'on tâche d'augurer de là ce qui doit se passer en France pendant le quart de siècle qui va suivre ; et, certainement, on ne trouvera pas un de nos hommes d'Etat qui acceptera les conditions si dures de la Compagnie générale maritime ; personne ne consentira à sacrifier l'avenir de la marine et de l'industrie françaises aux caprices d'une compagnie pleine de bonne volonté, personne n'en doute, mais qui ne sait pas plus ce que c'est qu'un service transatlantique, que ne le savait Cunard, au moment où il signait son premier contrat.

Cependant, nous n'avons pas l'intention de faire bon marché des intérêts d'une compagnie que nous voudrions voir réussir. Nous allons le prouver, en formulant l'amendement que nous proposons de substituer aux quatre premiers paragraphes de l'article 2, inopportunément modifié.

Troisième amendement.

L'État se réserve la faculté de subventionner tout service qu'il jugera utile d'établir entre la France et un port quelconque de la côte orientale de l'Amérique septentrionale, New-York excepté.

La création de ces nouvelles lignes se fera au fur et à mesure des propositions qui seront adressées au Gouvernement et de l'intérêt que trouveront l'Etat et la nation à y donner suite.

Les concessions seront adjugées, *au rabais, sur soumissions cachetées*, à la Compagnie qui offrira les conditions les moins onéreuses pour le Trésor.

Toutefois, un avantage, de 10 p. 100, sera accordé à la Compagnie générale maritime *sur tous autres soumissionnaires*.

EXEMPLE :

Le Gouvernement veut établir une ligne de Bordeaux à la Nouvelle-Orléans, touchant à la Corogne, aux Bermudes et à la Havane ; ou bien, une ligne de Marseille à la Nouvelle-Orléans, touchant à Cadix, aux Bermudes et à la Havane.

La subvention est fixée à. . . . . . . 5.000.000 fr.

On soumissionne au rabais.

La Compagnie X... (*celle qui offre les meilleures conditions*) demande. 4.500.000

La Compagnie générale maritime demande. 4.950.000

La concession serait accordée à la Compagnie générale maritime, en vertu de l'avantage, de 10 p. 100, qui lui est accordé par notre amendement.

Que l'on donne 10 p. 100, que l'on accorde 15, même 25 p. 100, à la Compagnie concessionnaire de lignes de New-York et des Antilles, et nous applaudirons ; car, la première, elle nous ouvrira le chemin, elle nous enseignera la route ; et il sera juste qu'elle soit récompensée.

Mais, au nom des intérêts les plus précieux de la France, que l'on nous fasse un cahier des charges qui dise claire-ment, nettement (la langue française le permet si bien), à tous Français présents et à venir : le Gouvernement accorde un privilége de X p. 100 à la Compagnie première établie, parce que cela est juste ; mais il a eu bien soin de sauve-garder tous vos intérêts : travaillez, montez des compagnies en concurrence, et venez le trouver en toute confiance, il fera droit à votre demande, si elle est fondée.

Un privilége de 10, *de* 15 *ou de* 25 p. 100, *fermera la porte à tous les concurrents*, nous dira-t-on.

Nous allons prouver le contraire.

EXEMPLE :

Le Gouvernement, pour faire concurrence à la ligne an-glaise, sent la nécessité d'établir une ligne bi-mensuelle de Brest ou de Nantes à Boston, avec escale à Terre-Neuve.

Une subvention de 2 millions de francs est mise au rabais (1).

La Compagnie générale maritime soumissionne et de-mande . . . . 1,800,000 fr.

La Compagnie X... demande . . . 1,345,000

Soit : 5 francs au-dessous du privilége, de 25 p. 100, accordé à la Compagnie générale maritime.

---

(1) Cette subvention serait plus que suffisante ; car il est probable que le Gouvernement exigerait des conditions de tonnage, de vitesse, etc., moins difficiles à remplir que celles de la ligne de New-York.

La concession serait adjugée à la compagnie X...

Mais, pensera-t-on, 450,000 francs seraient difficiles à gagner sur l'exploitation d'un service pareil, même par un directeur général intelligent?

Non, Messieurs, interrogez n'importe quel armateur, il saura vous dire que là, où un capitaine un peu moins intelligent perd des sommes énormes, un autre plus habile en gagne quelquefois de considérables.

Que sera-ce-donc sur une opération comme celle qui nous occupe?

Relisez, pages 33 et suivantes, le chapitre dans lequel nous comparons les dépenses d'une ligne partant du Havre à celles d'une ligne partant de Brest, et vous verrez la différence qui existe entre une opération mal conçue et celle qui repose sur des bases solides.

La subvention, Messieurs, ne sera pas autre chose qu'un brevet, qui, s'il est mal placé, coûtera fort cher à l'Etat et ne sera qu'une goutte de plus dans un verre d'eau !

Croyez un homme qui connaît aussi bien les choses de la mer que vous connaissez celles de la terre, qui n'avance jamais un argument sans le faire suivre d'une preuve, qui n'a jamais rien critiqué sans fournir immédiatement le moyen de réparer ce qui lui a paru mal ; croyez un homme qui ne demande que le succès de la grande entreprise, quelle que soit la Compagnie qui en profitera ; qui est tellement certain de la vérité de ses théories, que, pour assurer leur triomphe, il n'a pas craint de sacrifier sa fortune et une partie de celle de ses amis.

Cette heure du triomphe est proche, Messieurs. Plein de confiance en vos lumières, en votre patriotisme et votre haute sagesse, nous vous attendons tranquillement sur les rivages de la belle rade de Brest.

QUATRIÈME AMENDEMENT (1).

Le jour où la Compagnie concessionnaire inaugurera ses services, ou seulement l'un d'eux, elle ne devra posséder aucun navire à voiles.

Il lui sera interdit de faire elle-même le transport de ses

(1) Article additionnel.

charbons, à moins, toutefois, qu'elle les fasse sans porter aucun fret; en dépenses, au débit de la Compagnie transatlantique, et qu'elle renonce à prendre des marchandises, aussi bien à l'aller qu'au retour.

Elle ne pourra, dans aucun cas, donner le transport de ses charbons à aucune Compagnie, quels que soient les avantages que puisse lui offrir cette Compagnie.

Elle sera constamment obligée d'accepter les meilleures offres que lui feront, en concurrence, les armateurs ou les capitaines dans nos différents ports, sans pouvoir traiter pour plus d'un chargement à la fois, et encore faudra-t-il que le navire proposé soit présent au port.

Elle devra traiter pour des moitiés et des quarts de chargement toutes les fois que l'occasion s'en présentera.

MOTIFS DE CET AMENDEMENT.

Nous ne ferons ici aucune allusion à la Compagnie générale maritime; nous parlerons à un point de vue plus général, et comme doit le faire quiconque s'occupe de la préparation d'une loi.

Si la Compagnie concessionnaire pouvait avoir, à côté de ses paquebots subventionnés, une flotte de navires à voiles, cette flotte serait une véritable sangsue qui sucerait toutes les forces de la subvention.

Voici comment :

La Compagnie concessionnaire pourrait payer de magnifiques frets à ses navires à voiles pour transporter ses charbons; — par exemple, elle pourrait leur donner 30 fr. par tonneau du Havre ou de Nantes à la Martinique ou à la Guadeloupe, quand le prix ordinaire du fret est de 15 à 20 fr. — Qu'arriverait-il? — Que la subvention paraîtrait toujours insuffisante et que, lorsque le Gouvernement voudrait augmenter ses ordinaires, on lui répondrait : Cela est matériellement impossible sans augmentation de subvention.

Mais le Gouvernement serait seul victime de cette manœuvre... la nation en masse, peut-être, un peu aussi... Passons.

Ceci est plus grave :

La Compagnie concessionnaire pourrait donc donner à ses navires à voiles de très-beaux frets de sortie pour la

Martinique, pour la Guadeloupe, pour Cayenne, pour la Havane et pour toutes les îles des Antilles, desservies par ses paquebots ou ses bateaux annexes : *ce serait son droit.*

Mais elle serait encore *dans son droit* en ne donnant que des fonds de chargement à ses navires à voiles, et en faisant ensuite concurrence à tous les armateurs havrais, nantais et bordelais pour les marchandises communes. — Qu'arriverait-il alors ? — Que ces armateurs lui verraient enlever, sous leur nez, le peu de fret de sortie qu'ils ont pour aller chercher nos cafés, nos sucres, nos bois de campêche, nos rhums, etc…, aux Antilles ; qu'ils seraient obligés de fermer leurs comptoirs devant la concurrence que leur ferait la Compagnie transatlantique.

Car, Messieurs, après avoir fait un beau fret de sortie, les navires de la Compagnie concessionnaire se trouveraient dans des conditions superbes, pour enlever les frets de retour aux navires qui seraient venus, *sur lest*, du Havre, de Bordeaux ou de Nantes, à la Martinique, à la Guadeloupe, partout où la Compagnie concessionnaire déploierait son guidon.

Battus sur les marchés français, battus sur les marchés étrangers et de nos colonies, tous nos armateurs n'auraient rien de mieux à faire que de vendre, à vil prix, leurs navires à la Compagnie concessionnaire, et de la laisser se gorger, comme elle l'entendrait, au milieu de l'écrasant monopole que lui prépare le projet de loi, contre lequel nous protestons.

Mais il s'agit ici d'une chose si grave et si en dehors des habitudes des personnes étrangères à la marine, qu'il convient absolument que nous nous expliquions de manière à être compris par tout le monde.

EXEMPLE :

Le fret pour les Antilles est aujourd'hui de 20 fr. par tonneau ;

Il y a 1,000 tonneaux de marchandises sur la place ;

Dix navires se disputent ce fret ;

Sur les dix navires, il y en a cinq à la Compagnie concessionnaire ;

Les cinq navires de cette Compagnie ont l'ordre d'aller prendre chacun 300 tonneaux de charbon à Cardiff, au prix de 30 fr. par tonneau, et de porter ce chargement aux Antilles ;

Les courtiers de la Compagnie proposent aux expéditeurs de prendre les 1,000 tonneaux de marchandises, moyennant un fret réduit de 10 fr. par tonneau, pour compléter le chargement de leurs navires et leur fournir un lest pour les expédier à Cardiff ou à Swansea.

Evidemment, les propositions de ces courtiers seraient acceptées; et voici comment devrait s'établir le compte de sortie ou d'armement des navires de la Compagnie :

Fret de charbon, 300 T. à 30 fr. . . . . . .   9,000 fr.
Fret de marchandises, 200 T. à 10 fr. . .   2,000
                  Fret de sortie. . . . . . 11,000 fr.

L'armement se trouverait largement couvert.

Voyons maintenant comment devrait s'établir le compte d'armement ou de sortie des cinq autres navires havrais qui n'appartiennent pas à la Compagnie :

Fret de sortie. . . . . 0,000 fr.
Lest, 300 T. à 5 fr. 1,500

Non-seulement l'armement ne serait pas payé, mais il faudrait encore l'augmenter du prix du lest!

Voilà dans quelles conditions ces navires se présenteraient aux Antilles, pour disputer les frets de retour aux navires de la Compagnie concessionnaire.

En résumé, la Compagnie concessionnaire prendrait *avec ces paquebots :* les correspondances, les voyageurs et les marchandises précieuses; pendant que *ses navires à voiles* prendraient les charbons et toutes les marchandises communes.

Voilà, Messieurs, ce que vous ne permettrez pas; car ce serait donner le monopole du commerce des Antilles à une seule et même Compagnie.

Nous avons été impitoyable pour le Havre, pour cet amas de pierres, de chaux hydraulique et de sables, symétriquement amoncelés de manière à former un port et une ville, parce que nous n'appartenons pas à l'espèce féline, et que nous ne savons pas nous attacher à la maison dans laquelle nous avons longtemps vécu; parce qu'il s'agissait de défendre les intérêts généraux de la nation, menacés par d'infimes intérêts particuliers. Il s'agit maintenant encore d'intérêts généraux menacés par l'omission d'un article essentiel dans le projet de loi ; il s'agit de défendre les intérêts de tous les négociants qui tiennent entre leurs mains la plus grande partie du commerce français : à ceux-là nous sommes sincèrement dévoué, et nous sommes heureux de pouvoir le prouver.

Nous vous demanderons, pour eux, Messieurs, de vouloir bien adopter les deux premiers paragraphes de notre amendement.

Le troisième paragraphe a pour but d'empêcher la création d'une Compagnie, cousine germaine de la Compagnie concessionnaire, qui pourrait admirablement servir de prête-nom, et causer aux négociants havrais, bordelais ou nantais, les mêmes préjudices que la Compagnie concessionnaire proprement dite.

Le quatrième et le cinquième paragraphes complètent notre pensée ; ils empêcheront la Compagnie de favoriser ses protégés, ses créatures ; ils livreront des milliers de tonnes de fret de sortie à la concurrence ; ils fourniront des fonds de chargement à tous nos armateurs indistinctement ; ils assureront des frets à bon marché à la Compagnie concessionnaire ; ils concilieront tous les intérêts, garantiront le bon emploi de la subvention, et donneront satisfaction au grand intérêt général, qui doit toujours être la base des bonnes lois.

OBJECTIONS.

Pourquoi, nous dira-t-on, *introduire dans le cahier des charges imposé à la Compagnie concessionnaire de la ligne des Antilles une clause qui n'existe pas dans les cahiers des charges des lignes du Brésil et de l'Inde ?*

Nous regrettons vivement que cette clause n'ait pas été introduite dans les cahiers des charges des lignes de l'Inde et du Brésil ; car il est évident, que les Compagnies concessionnaires de ces services, avec un peu d'intelligence (et Dieu sait qu'elles n'en manquent pas) pourraient arriver à monopoliser les transports maritimes, comme les Compagnies *Lafitte et Caillard* et des *Messageries générales* monopolisaient autrefois les services de diligences, d'une manière bien plus rigoureuse que nos Compagnies de chemins de fer ne monopolisent aujourd'hui les transports sur le Continent.

Reste à savoir si le Gouvernement désire transformer

toute sa marine, et placer son personnel dans deux ou trois mains ?

La question est grave; car, si l'une ou l'autre de ces grandes Compagnies venait à manquer, après quelques années d'existence, il faudrait bien du temps pour fonder de nouvelles maisons d'armateurs, et la France pourrait bien , un beau matin, se réveiller sans marine.

Cependant nous ferons remarquer :

Que les Compagnies établies à Marseille ne peuvent pas aussi facilement nuire au commerce long-courrier de ce port (*à cause de son éloignement des entrepôts de houilles de l'Angleterre*), que les Compagnies qui seraient établies au Havre, à Nantes ou à Brest pourraient le faire à l'égard du commerce long-courrier de nos ports de la Manche et du golfe de Gascogne ;

Que les ports du Brésil et de l'Inde étant ouverts à tous les pavillons, la Compagnie concessionnaire doit trouver avantage à s'approvisionner de charbon, sur place ; attendu que les navires anglais transportent, le plus souvent, les charbons à des prix si réduits, que l'on peut dire qu'ils les prennent au lieu de lest.

Il n'en sera pas de même pour la ligne des Antilles. Les navires anglais ne pourront pas approvisionner nos colonies de charbons; car ils auraient des droits très-élevés à payer à l'entrée, et, ensuite, ils n'y pourraient prendre aucun chargement de retour.

La navigation entre la France et ses colonies a longtemps représenté tout le commerce long-courrier français ; elle en représente encore aujourd'hui une partie importante : c'est celle-là que notre amendement a surtout en vue de protéger.

Mais, nous dira-t-on, *vous voulez ruiner la Compagnie générale maritime, en l'obligeant à vendre ses bâtiments à voiles ?*

On ne nous trouvera jamais dans des sentiers aussi infimes et aussi étroits : nous pensons être à la hauteur de la mission que nous remplissons.

Répondant maintenant à l'objection , nous dirons : que l'on accorde cinq ans à la Compagnie , à partir de la promulgation de la loi qui lui donnera la concession des lignes postales des Antilles et des Etats-Unis, afin qu'elle puisse vendre, un à un, ou laisser arriver à leur fin, tous ses navires, *déjà vieux;*

Qu'on lui donne ensuite une indemnité d'*un million,* qui représenterait, *dans cinq ans,* plus du cinquième de la valeur du matériel qui lui resterait, et elle sera largement indemnisée.

Qu'on lui donne même *deux millions!*

Que sont deux millions, à côté du mal que pourrait faire cette Compagnie à la marine et au commerce français, si elle voulait user de toutes les facilités que lui laisse le projet de loi actuellement soumis à votre approbation?

Ah! Messieurs, prenez garde de créer des monopoles, *tels,* que la nation ne puisse les supporter.

Exigez un cahier des charges qui soit clair, carré, juste, pratique, et tous nos négociants, tous nos financiers, tous nos industriels vous béniront: ils reprendront courage aux affaires.

CONCLUSIONS.

En résumé, et pour conclure en peu de mots :

Le projet de loi, actuellement soumis à l'approbation du Corps législatif, doit être renvoyé aux Ministres compétents :

1° Parce qu'il repose sur une loi qui a fini son temps ;

2° Parce qu'il n'a pas été suffisamment étudié.

Cependant, si, pour des raisons que nous ne connaissons pas, le Corps législatif croyait utile aux intérêts de la France de ne pas le rejeter.

Nous pensons :

Que les quatre amendements que nous avons demandés, RIGOUREUSEMENT EXIGÉS, *suffiraient pour garantir l'avenir.*

Si, Messieurs, nous avions craint de sortir de l'humble sphère où le sort nous a jeté, si nous n'avions pas osé protester contre un projet de loi que nous croyons de nature à compromettre des intérêts aussi graves, nous aurions manqué à tous les devoirs qui sont imposés à quiconque a l'honneur d'appartenir à la grande famille française : nous ne l'avons pas voulu.

Que les intérêts particuliers, qui se croiront froissés par notre protestation, attendent seulement quelques mois avant de médire de nous, et ils reconnaîtront que nous les avons bien mieux servis, en leur disant la vérité, que si nous nous étions tu, que si nous avions eu recours à des flatteries qui seront bientôt démasquées.

Ce n'est pas en caressant les erreurs de l'opinion publique que l'on sert son pays.

Dans dix-huit mois, Dieu veuille que ce soit avant, les chemins bretons seront terminés : un nouvel horizon s'ouvrira devant les destinées de la France.

Dans dix-huit mois, le monde entier pourra apprécier les effets des chemins de fer continentaux et de leurs prolongements transatlantiques, sur les courants généraux du commerce universel.

Dans dix-huit mois, l'Angleterre, les Etats-Unis et la France se disputeront, avec une égale ardeur, le commerce transatlantique.

Dans dix-huit mois, trois marines seront en présence, et s'efforceront de conquérir cette suprématie maritime, source inépuisable de gloire, d'influence, de puissance et de prospérité.

Dans dix-huit mois, l'opinion publique nous jugera les uns et les autres.

Veuillez agréer, Messieurs les représentants de la nation, l'assurance du profond respect, avec lequel j'ai l'honneur d'être,

Votre très-humble et obéissant serviteur,

O. LE ROY DE KERANIOU,

Paris, 7 Juin 1861.

Lettre d'envoi à Monsieur le Président et à Messieurs les Membres de la Commission chargée de l'examen du Projet de Loi portant le n° 126.

MESSIEURS,

J'ai l'honneur de vous adresser la fin de ma protestation contre le projet de loi portant le n° 126.

Vous remarquerez, sans doute, que je n'ai pas motivé le 2e *amendement*, concernant la construction du matériel.

En agissant ainsi, j'ai voulu vous signaler cet amendement d'une manière toute particulière : j'ai voulu vous dire quels sont les dangers qui menaceraient MM. les administrateurs de la Compagnie concessionnaire, s'ils pouvaient faire construire leur matériel à l'étranger.

Les voici :

L'honorable Compagnie qui obtiendra la concession devrait nécessairement avoir recours à un ou plusieurs intermédiaires pour commander à l'étranger un matériel *aussi important* (*quarante et quelques millions* pour commencer, et bien davantage, ensuite, si la Compagnie réussit et developpe ses services).

Ces intermédiaires ne travailleraient pas pour rien.

Leur rémunération consisterait en une remise ou commission, que leur ferait le constructeur, ou que leur feraient les constructeurs auxquels ils apporteraient une aussi belle commande.

Quand la question de remise serait agitée entre les intermédiaires et les constructeurs, voici la seule réponse que pourraient, *pratiquement parlant*, faire ces derniers :

« Monsieur ou (Messieurs) le coût d'un matériel en fer se » calcule ainsi :

» 1° *Sur le poids brut du fer employé ;*

» 2° *Sur la main d'œuvre que l'on veut lui donner.*

» Partant de là, vous comprenez que nous pouvons vous » faire une remise aussi forte que vous le voudrez.

» Car, lorsque les navires seront à flot, vos clients ne » pourront jamais se rendre un compte exact du poids du » fer employé ; et, quant à la main d'œuvre, il suffit que » les navires soient bien peints et bien dorés, pour que

» ceux-là, qui n'ont jamais étudié l'architecture navale,
» soient satisfaits.

   » Demandez-nous donc la remise qui vous conviendra.

   » Si vous êtes raisonnables, nous vous ferons de bons na-
» vires ;

   » Si vous ne l'êtes pas, nous vous ferons des navires de car-
» ton, qui, chaque traversée, auront besoin de réparations. »

Soumettez ces observations aux représentants de la Compagnie générale maritime, Messieurs, et ils vous répondront : qu'ils ont plus souci de leur honneur que des avantages, fort problématiques, qui pourraient résulter de la construction à l'étranger ; *qu'ils construiront en France.*

N'y aurait-il pas ensuite quelque chose d'odieux : à frustrer ainsi nos constructeurs d'un travail si utile à leur éducation ; à priver nos ouvriers d'un travail si important ; à distraire une somme si considérable du fonds de roulement industriel du pays ; à accorder à une Compagnie richement subventionnée la faculté de construire à l'étranger, quand cette faculté est refusée à de braves armateurs qui travaillent avec leurs capitaux ?

Faites part de cette observation à MM. les commissaires du gouvernement, et, soyez-en convaincus, Messieurs, ils ne prêteront pas leur appui à de pareils abus.

La tâche que vous avez à remplir est des plus graves ; nous ne sommes pas inquiet, car nous savons que Dieu vous a donné les vertus nécessaires pour l'accomplir dignement.

J'ai l'honneur d'être, avec un profond respect,

Messieurs les députés,

Votre très humble et très obéissant serviteur,

O. LE ROY DE KERANIOU.

4, Cité Henry, Belleville-Paris.

*P.-S. Si la seule difficulté à lever pour obtenir la construction, en France, consistait dans la pénurie de fers et de tôles dans laquelle se trouve la France, nous rappellerions que les Américains construisent en bois, et que, l'*ARABIA *et le* PERSIA *exceptés, tous les autres steamers de la compagnie* CUNARD *sont en bois.*

La Gloire *est en bois et le* Napoléon *aussi.*

Paris. — Imprimerie de E. Brière, rue Saint-Honoré, 257.